国网江苏盐城供电公司综合能源服务系列教材

综合能源服务市场分析

主 编　王 辉

上海财经大学出版社

图书在版编目(CIP)数据

综合能源服务市场分析/王辉主编. 一上海：上海财经大学出版社，2019.3
(综合能源服务系列教材)
ISBN 978-7-5642-3234-4/F・3234

Ⅰ.①综… Ⅱ.①王… Ⅲ.①能源经济-市场分析 Ⅳ.①F407.2

中国版本图书馆 CIP 数据核字(2019)第 054365 号

□ 责任编辑 林佳依

□ 封面设计 贺加贝

综合能源服务市场分析

王 辉 主编

上海财经大学出版社出版发行
(上海市中山北一路 369 号 邮编 200083)
网 址：http://www.sufep.com
电子邮箱：webmaster @ sufep.com
全国新华书店经销
上海华业装璜印刷厂印刷装订
2019 年 3 月第 1 版 2019 年 3 月第 1 次印刷

710mm×1000mm 1/16 14 印张 206 千字
定价：49.00 元

国网江苏盐城供电公司

综合能源服务系列教材

编 委 会

本书作者：

主　　编：王　辉

副主编：龚　彧　李勇健　张　强

施泉生　赵文会

成　　员：江小舟　吴兴阳　包淑慧

张　宏　刘　捷　庄雯倩

陈波波　林艺璇　廖　昆

金彬斌　薛　璐　张芮丹

王军杰　王腾飞

总　序

随着我国经济社会持续发展，能源生产和消费模式正在发生重大转变，能源产业肩负着提高能源效率、保障能源安全、促进新能源消纳和推动环境保护等新使命。在此背景下，传统能源系统建设路径和发展模式亟须改变，构建综合能源系统成为新形势下能源企业的战略选择。目前，世界上很多发达国家都已将综合能源系统研究作为国家战略，通过推动技术研发、装备研制、工程示范和标准制定等措施，以期在新一轮能源变革和世界竞争格局中取得优势地位。在我国，2014 年习总书记提到能源革命，实际上是我国综合能源发展的起点。

基于综合能源系统，综合能源服务应运而生。综合能源服务是一种新型的为满足终端客户多元化能源生产与消费的能源服务方式，涵盖能源规划设计、工程投资建设、多能源运营服务以及投融资服务等方面。综合能源服务可看作是一种能源托管模式，以及在大数据和综合能源系统背景下对能源项目精细化管理与对用能客户的精细化服务。

综合能源服务已经成为世界各国和各企业战略竞争的焦点。基于此，电网企业理应发挥自身优势，不断拓展市场空间，提供增值服务，实现从过去单纯的供电服务到综合能源供应商的定位转型。除了改革驱动外，市场需求也是推动公司转型发展的重要因素。新一代电力客户也开始呈现出交互需求旺盛、服务需求多样等新特点。基于技术水平和需求市场的日臻成熟，为客户提供节能咨询、电费金融等能源增值服务，不仅是供电企业新的效益增长点，更是优化供电服务的必然要求。

2018年，国家电网公司明确表态，将加快构建以客户为中心的现代服务体系，同时提出要大力提质增效，延伸电网业务价值链，加快组建省综合能源服务公司，积极开拓园区、工业企业、大型公共建筑等新型能源消费市场。从传统电能供应商到综合能源服务商的角色转变，不仅要因势而动，更要势在必行。发展综合能源服务，与党中央“构建清洁低碳、安全高效的能源体系”要求相符，更是贯彻落实能源“四个革命”、实现国有资产保值增值的具体举措。

在此背景下，电力公司的经营环境将发生深刻变化，原有的电力营销理念、营销模式、营销方法已经不再适宜于目前的经营环境和业务。在向综合能源服务商转变的过程中，如何对电力公司营销部门员工进行综合能源服务营销技能培训，让其尽快适应新的环境、熟悉新的业务、掌握新的技能，是摆在电力公司人力资源部门面前的一大难题。电力公司迫切需要一套针对性、接地气、强技能的综合能源服务电力营销培训教材，以切实提升电力公司营销部门员工的综合能源服务的业务和技能水平，提升电力公司在未来综合能源服务市场竞争中的优势。

国网江苏省电力有限公司盐城供电分公司与上海电力大学“校企合作”，站在可持续发展的高度，深刻把握了中国电力行业的发展趋势和特征，联合成立了综合能源服务系列教材编写委员会，决定开发综合能源服务系列教材。本系列教材涵盖了《综合能源服务市场分析》《综合能源服务概述》《综合能源服务技术框架及业务模式》3本。为了保证本系列教材能够适合于综合能源服务商的定位与需求，编写人员深入广东、浙江、江苏、上海等地的综合能源服务企业与电力公司营销部门，进行实地走访和调研，了解综合能源服务的现状与营销业务人员的现实需求。在编写过程中，编写人员还广泛征求综合能源服务与电力企业营销专家的意见和建议，以确保教材能够满足综合能源服务商的需求，同时兼顾业务之间的典型性与相关性。

为了做到教材通俗易懂、深入浅出，作者在编写中注重实际操作，配备大量的图片，针对业务流程中需要重点关注的问题、难点进行阐述，供学员巩固学习效果和考核使用。综合能源服务系列教材能够培养电力营销业务人员的综合能源服务业务流程知识和操作技能，理解综合能源服务业务的内涵，掌握综合能源服务技术基础，发现并妥善处理综合能源服务营销中的疑难问题。

本系列教材的作者具有很高的理论水平和丰富的实践经验。这套教材既可作为各地电力公司综合能源服务的教材和参考书，也可用作科研院所、高校学生和教师的参考书。

前 言

为适应现代能源供应体系和消费方式多样化的变革需要，从客户能源需求出发，促进可再生能源消纳，提高能源综合利用率的综合能源服务应运而生。综合能源服务具有智慧、清洁、低碳、协同等特征，涵盖了能源的生产、传输、销售、使用、调节各领域，已成为能源互联网落地的重要途径，被认为是实现"能源革命"、建设美丽中国的有效措施之一。

我国高度重视综合能源服务市场建设，将综合能源服务作为推动中国能源革命的重要战略支撑，积极营造开放共享的综合能源生态体系。综合能源服务辐射面广、产业链长，是未来的投资热点，广义的市场规模可达万亿元，发展潜力巨大，前景广阔。

综合能源服务市场正成为跨界竞争的主战场，各类型综合能源服务商为适应能源发展新形势，抓住新的商业机遇，抢占新一轮产业发展制高点，培育新的利润增长点，纷纷布局具备增值潜力和高盈利能力的综合能源服务，催生出多样化的综合能源供应方式和服务模式，市场主体更为多元、市场竞争更为激烈，竞争格局也发生了新变化。

本书主要分为"互联网＋"智慧能源行业发展机遇及挑战、全球能源互联网发展布局、综合能源服务概述、国内外综合能源服务市场发展概况、综合能源服务市场竞争动态分析、综合能源服务市场客户需求分析、综合能源服务商业模式分析、综合能源服务市场发展关键问题及完善措施、综合能源服务市场发展趋势分析等部分。

本书在写作过程中兼顾理论与实际的结合、实用与最新学术成果的结合。

编写过程中参阅和引用了不少前辈和同行的工作成果，使得本书能够比较系统、全面地反映有关综合能源服务方面的诸多最新研究成果。书中引用作者的研究成果已经在参考文献中列出，在此表示衷心感谢。

本书适合电力行业从事综合能源服务的研究人员、高级技术管理人员和有关的专职人员的培训教材，也适合用作从事能源行业，特别是新能源方面的相关从业者的教材和自学参考书，也适合在校相关专业的高职、本科生和硕士研究生、高校教师与科研工作者使用。

由于作者水平有限，书中难免疏漏和不妥之处，恳请各方面专家、学者及广大读者批评指正。作者的电子邮箱：whhelen_1980@163.com。

作　者

2019 年 1 月

目　录

第一章○○○○○○○○

“互联网+”智慧能源行业发展机遇及挑战

智慧能源的本质是信息替代能源。在互联网高速发展的今天，信息将为能源的生产、运输、存储、消费提供更高效的沟通和反馈机制，信息技术的深度介入将改变以往能源利用单纯追求规模扩大的定势，而是更多地将人的智慧融入其中，通过提高非物质性的信息输入，降低能源和资源消耗，使人类由被动使用能源变为主动改造能源，进而极大地提高能源的使用效率，获得更高的能源回报。从某种意义上说，人类智慧本身就是一种“能源”，充分吸收和利用它，正是未来能源的“智慧”特征之所在。

作为全新的能源形式，智慧能源代表了一种高效、安全、低碳、经济、共享、可持续的现代化能源体系。在这个体系中，能源流将如信息流一样多元、双向、顺畅、自由配置，由信息配置能源，能源提升价值，将会改变甚至颠覆人类的现有生活方式。智慧能源不是所谓的“特高压+清洁能源”，而是骨干电网与分布式能源的结合，其中微电网的建设显得更为重要。智慧能源将由智能电网横向外延的平面模式，演变为家庭、社区、城市、区域不同层次电网组成的立体模式。

第一节 智慧能源发展机遇

一、“互联网+”催生了技术创新与时代进步

国内“互联网+”理念的提出，最早可以追溯到2012年11月易观国际董事长兼首席执行官于扬在易观第五届移动互联网博览会的发言。于扬首次提出“互联网+”理念。在未来，“互联网+”公式应该是所在的行业的产品和服务，在与未来看到的多屏全网跨平台用户场景结合之后产生的这样一种“化学公式”。2014年11月，李克强总理出席首届世界互联网大会时指出，互联网是大众创业、万众创新的新工具。其中“大众创业、万众创新”正是此次政府工作报告中的重要主题，被称作中国经济提质增效升级的“新引擎”，可见其重要作用。

2015年3月5日十二届全国人大三次会议上，李克强总理在政府工作报告中首次提出“互联网+”行动计划，引发各方热议。所谓“互联网+”，实际上是创新2.0下的互联网发展新形态、新业态，是知识社会创新2.0推动下的互联网形态演进。新一代信息技术发展催生了创新2.0，而创新2.0又反过来作用于新一代信息技术形态的形成与发展，重塑了物联网、云计算、社会计算、大数据等新一代信息技术的新形态，并进一步推动知识社会以用户创新、开放创新、大众创新、协同创新为特点的创新2.0，改变了人们的生产、工作、生活方式，也引领了创新驱动发展的“新常态”。伴随知识社会的来临，无所不在的网络与无所不在的计算、无所不在的数据、无所不在的知识共同驱动了无所不在的创新。“互联网+”不仅仅使互联网移动了、泛在了、应用于传统行业了，更会同无所不在的计算、数据、知识，造就了无所不在的创新。

智慧能源的发展离不开良好的制度设计和管理体系作为保障。从某种程度上说，智慧能源的发展是“三分技术，七分政策”，这包括高屋建瓴的顶层设计、广泛适用的标准规范和与之匹配的监管体系、基础设施建设的统筹部署、智慧能源管理系统的建立和完善，还要通过政策对公众理念和投资进行引导，对

重点产业和技术进行扶持，从而为智慧能源产业发展创造良好的环境。智慧能源可以有效缓解城市建设过程中的能源与环境矛盾，实现对传统能源行业的重新塑造和逆向整合，在中国将大有可为。

二、“互联网＋”智慧能源能推动我国能源行业体制的变革

我国正处在能源产业结构调整以及体制改革的关键时期。“互联网＋”智慧能源作为一次能源技术革命，互联共享将会从根本上改变我国的经济产业布局和能源生产消费模式，其高度开放的特性，也会推动我国能源行业体制的变革，提高我国能源行业的整体开放程度。

“互联网＋”智慧能源是多类型用能网络的多层耦合，电力作为重要的二次能源，是实现各能源网络有机互联的连接枢纽，电力互联是实现能源互联的重要途径。“互联网＋”智慧能源的建设将会最大限度地推动当前我国电力工业体制改革进程，加速相关政策措施的完善以及智能电网等技术手段的研发速度，从而促进我国新型电力工业体系的建设完善。

“互联网＋”智慧能源能够推动区域间电力资源的协调互补和优化配置。未来能源互联网是分布式和集中式相结合的、高度开放式的能源系统。面对我国能源生产与消费逆向分布的格局，未来我国能源互联网的电力网络结构应该是大电网与微电网相结合的布局形式，各个区域各种形式可再生能源都能够通过能源互联网柔性接入，从而进一步推动区域间电力资源的协调互补和优化配置。

互联网对于电网跨区的输送能力、经济输送距离、网架结构等方面提出了更高的要求，电力输送网络的合理布局是实现跨区域能源互联的重要保障。另外，依托互联网，分布式电源与微电网也是优化电力资源配置的重要手段。微电网凭借其灵活的运行方式、能量梯级利用、提供可定制电源等特性，能够协调控制分布式电源、储能与需求侧资源，从而保证分布式可再生能源的并网需求。

三、能源互联网为社会发展提供新机遇

能源互联网是以电力系统为核心与纽带，多类型能源网络和交通运输网络

的高度整合，具有横向多能源体互补，纵向源—网—荷—储协调和能量流与信息流双向流动特性的新型能源供用体系。能源互联网将解决两类问题：一是解决能源设备的互联互通问题，二是用互联网思维去改造能源网络。智慧能源的核心在于信息化与自动化的深度融合，其定位是为售电公司、电网公司等提供智能化的支撑，支持其为用户提供更好的能源服务的解决方案。

目前，全球大约仍有10亿人还没有用上电；有30亿人仍然在使用非清洁燃料和低效率能源取暖做饭。2017年空气污染导致900万人过早死亡，其中92%的人生活在发展中国家。因此，世界需要更多能源，特别是需要更多的清洁能源。科技进步正在全球范围内减少能源系统的成本。新技术、新的商业模式建设的方法都是改变世界和实现全球可持续发展的必要条件，通过智能电网实现全球能源互联为实现这一目标提供了一个有效途径。

能源互联网是全球能源格局演变的必然要求。在信息时代，互联网技术的进步打通了能源供应与需求；气候变化成为全球性议题，促使各国加快可再生能源发展，为能源互联网创造了广阔的成长空间；全球能源互联网也将改变能源贸易、能源资源分配，以及能源商业合作模式，从而更有效地解决全球气候变暖问题。全球能源互联网将把世界变成可持续发展的“能源村”。

四、国家重视智慧能源创新发展

国务院对“互联网＋”智慧能源工作进行再部署，非常重视以“互联网＋”智慧能源为代表的能源产业的创新发展，能源供应和安全关系着我国经济社会发展的全局，要推进“互联网＋”，推动互联网与能源行业深度融合，促进智慧能源发展，提高能源绿色、低碳、智能发展水平，走出一条清洁、高效、安全、可持续的能源发展之路，为经济社会持续健康发展提供支撑。2016年6月22日，国务院第138次常务会议审议了由国家能源局提出的《关于实施“互联网＋”智慧能源行动的工作情况汇报》，从国务院层面对实施“互联网＋”智慧能源工作进行检查、督促和再部署。能源互联网为能源产业发展带来新机遇。

我国的能源结构不尽合理，煤炭占一次能源消费比重高达60%以上。这导致我国经济社会发展与能源消费和环境之间的矛盾日益突出。互联网与传统能源的深入融合，既可提高可再生能源的入网比例，实现能源供给方式的多元化，促进能源结构优化；又可以实现能源资源按需流动，促进资源节约、高效利用，实现降低能源消耗总量，减少污染排放。也就是说，互联网和能源的高度融合，能够最大限度地提高能源资源利用的效率，降低经济发展对传统化石能源资源的依赖程度，根本上改变我国的能源生产和消费模式，有效解决我国当前能源消费、环境污染与经济发展之间的矛盾。

第二节 智慧能源发展前景

新能源只是智慧能源的一部分，智慧能源还包括对传统能源的清洁、高效利用技术这一部分。目前，我国的智慧能源发展潜力巨大，特别是电力行业，它是智慧能源行业最大的市场。据统计，2016 年我国智慧能源行业电商净利润率平均在 45%以上，市场交易规模达到了 536 亿元，到 2017 年我国智慧能源行业电商净利润率平均值将超过 43%。2017 年我国电力行业智慧能源投入占整体投入的 66%，排名第一，其次是石油行业占 22%，煤炭行业占 6%。

智慧能源的发展更离不开创新的商业模式作为支撑。有人将智慧能源称为“能源淘宝”，一语点破未来能源交易个性化、多样化和平等自由的新特点。智慧能源的消费者同时也是能源的生产者。智慧能源将打破传统能源的单向辐射状供应模式，更注重能源的双向按需交流和动态平衡使用。智慧能源的生产端更为多元化、小型化，鼓励天然气、可再生能源等分布式能源纳入并网范围，人人都可以成为能源的供应者。通过降低市场准入门槛，也将极大地鼓励能源领域的大众创业、万众创新。

另外，智慧能源将真正实现“藏能于民”，有效保障国家能源系统安全。除了能源的生产和消费之外，储能领域将会被极大扩展，形成“供能、输能、储能、用能”四合一的立体系统。用户在用电低谷期，对储能设施充电，降低家庭用电成本；在用电高峰期使用储能设施供电，更好地起到削峰填谷的作用。

第三节　智慧能源发展面临的挑战

一、能源供应能力不足

“互联网＋”智慧能源需要加强综合能源网络建设，主要包括建设以智能电网为基础，与热力管网、天然气管网、交通网络等多种类型网络互联互通，多种能源形态协同转化、集中式与分布式能源协调运行的综合能源网络；需要构建开放的共享体系，建立面向在多种应用和服务场景下能源系统互联互通的开放接口、网络协议和应用支撑平台，支持海量和多种形式的供能与用能设备的快速、便捷接入。各地区在基础设施发展层次以及能源需求等方面具有较大差异。

二、制度和标准体系方面

社会对如何推进智慧能源建设尚未达成共识，不同行业基于不同的立场，意见存在分歧，进而使公众对此缺乏清晰的认知。智慧能源行业的制度和标准体系还不是很完善。目前对于智慧能源的基本概念、评价指标、术语、定义等方面未达成共识，制度和标准体系未建立完善。优先制定智慧能源的通用标准和“中国制造 2025”等相协调的跨行业公用标准和重要技术标准等尤为重要，能更好地支撑智慧能源行业的发展。

三、关键技术方面

在“互联网＋”背景下的智慧能源，其发展与储能、智能微网、分布式系统发电等方面的关键技术需要突破，在物联网、云计算、大数据等信息通信技术方面更需要不断地探索和创新。目前，能源互联网还处于起步阶段，其技术体系、标准体系等都未确定，直流电网、储能、安全通信等关键技术还不成熟，间接造成智慧能源的用户体验较差，无人愿意为前期试验埋单，以智慧能源为核心的技术需要不断地创新和突破。

我国的能源管理系统相对闭塞，没有开放共享的氛围和基础，尤其是相关能源数据库难以开放，导致信息极不对称，难以支持能源数据的汇聚共享以及挖掘分析。

四、安全方面

对智慧能源风险管控需要不断加强。智慧能源是通过互联网将能源的生产、消费、存储、运输和金融的融资、交易、结算等较多主体紧密结合在一起，由于在这一过程中，领域的不同和环节的增多，协调变得更加复杂，容易出现安全问题。同时，跨界融合势必会带来监管问题，智慧能源作为一个新兴的行业，必须从安全的角度加强对智慧能源的监管和风险管控，尽量降低行业发生系统性风险的概率。

“互联网+”智慧能源要求加强能源信息通信系统的安全基础设施建设，根据信息重要程度、通信方式和服务对象的不同，科学配置安全策略。建设“互联网+”智慧能源下的用户、数据、设备与网络之间信息传递、保存、分发的信息通信安全保障体系，提升“互联网+”智慧能源网络和信息安全事件监测、预警和应急处置能力。

五、调度方面

“互联网+”智慧能源要求推动可再生能源生产智能化，鼓励建设智能风电场、智能光伏电站等设施及基于互联网的智慧运行云平台，实现可再生能源的智能化生产；加快化石能源生产监测、管理和调度体系的网络化改造；实现储能系统与新能源、电网的协调优化运行；构建以多能融合、开放共享、双向通信和智能调控为特征，各类用能终端灵活融入的微平衡系统。

随着大规模风能、太阳能等清洁能源比例的增加，可再生能源电站出力的不可控性、波动性和随机性必将给电网调度带来不小压力。各跨地区电网之间的电气联系大大加强，广域动态交互影响加剧，电网稳定特性变得更加复杂，可再生能源大规模接入远距离传输对于电网调度提出了新的挑战。

六、交易方面

“互联网＋”智慧能源需要培育绿色能源灵活交易市场模式，完善基于互联网的智慧用能交易平台建设，主要包括建设基于互联网的绿色能源灵活交易平台，支持绿色低碳能源与电力用户之间实现直接交易；构建可再生能源实时补贴机制，实现补贴的计量、认证和结算与可再生能源生产交易实时挂钩；发展绿色能源的证书交易体系，鼓励提供更多差异化的能源商品和服务方案。

市场交易规则不成熟、商业模式单一落后，导致能源交易市场缺乏朝气。在“一带一路”倡议背景下，如果各国能源网络互联，能源的供需形势将随着各国的资源、时差、生产和生活状况随时变化，其价格多变也成为必然，同时，各国能源网广泛互联状态下也许会催生更多的绿色能源交易市场模式，该模式的设计对“互联网＋”智慧能源交易提出了新的挑战。

第二章 ○○○○○○○○○

全球能源互联网发展布局

第一节　全球能源互联网发展态势

一、国外能源互联网的发展情况

放眼国际，世界范围内都在积极进行能源互联网的尝试，各国探索路径和发展程度不一。欧美地区起步较早，创新活跃，具有扎实的能源和信息领域的技术储备，新技术模式层出不穷。其中，德国的能源互联网示范项目、日本的智慧能源网络项目和美国的智能电网在保障能源系统安全、高效、环境友好等方面，与我国政府提出的能源互联网具有颇多相似点。

（一）德国——基于互联网的区域性能源市场和虚拟电厂

德国能源互联网的发展与能源转型和电力市场化改革进程联系紧密。主要是以政府示范项目的方式鼓励企业进行尝试，以点带面地推动能源系统的优化。E-Energy 的 6 大示范项目背景为：2000 年德国制定了能源转型的政策，目标是使全德国的能源利用“环保、经济、安全”。这个目标奠定了德国构架能源互联网的基础。在生产者、消费者、服务者、电网运营商共同参与的电力市场平台上，形成 6 大技术的支撑，分别是层级式系统运营、细胞式系统控制、终端节能、提高一次能源利用效率、生产管理、负荷管理。E-Energy 的试点项目涵盖了智慧城市、多能互补、大规模清洁能源消纳、灵活的电价机制、能源市场交易等多种形式，各具特色却又异曲同工，共同目标是通过信息技术和灵活的价格机制优化能源系统，打破供需信息不对称，引导消费者错峰用能，为可再生能源的大规模消纳提供解决方案。

在政府部门的支持下，E-Energy 向全德国招标示范区开展示范项目，在 2008～2013 年 5 年内进行开发和示范能源互联网领域的关键技术与商业模式，共有 6 个地区竞标成功，5 年内政府发放共计 1.4 亿欧元用于支持示范项目，具体内容如表 2—1 所示。①

表 2—1　　德国 E-Energy 计划 6 个示范项目

示范项目	地点	核　心	内　容
eTelligence	库克斯港	提高新能源消纳能力	该地区人口较少，负荷种类单一，风能资源丰富，区域内能源以风电等可再生能源为主，项目运用互联网技术构建了能源调节系统，平抑了新能源的间歇性和波动性
E-DeMa	鲁尔区	通过能源路由器进行电能管理	整合用户、发电商、售电商、设备运营商等 700 个主体，进行虚拟的电力交易。通过能源路由器实现用电监控、需求响应和分布式电力调度
MeRegrio	南部小镇	引入实时电价，提高分布式能源消纳能力	为 1 000 个工商业和居民用户安装智能电表，采集用电数据，并引入电价红绿灯制度提高感知度，引导鼓励错峰用电，提高分布式能源的消纳能力
Moma	曼海姆	示范城市项目，提出细胞电网的概念	将分布式能源融入城市原有的配电网和基础设施网络，居民所用的电力、自来水、供热、燃气都来自最近的分布式能源中心。提出细胞电网的概念，将细胞电网分为 3 个层级：物理细胞、配电网细胞和系统细胞
Smart Watts	亚琛	分布式能源的社区电力交易平台	建立分布式能源的智能电力交易平台，共有 250 个家庭参与。运用信息技术告知用户实时电价，引导居民错峰用电
RegMod	哈茨山区	100％清洁能源	风能、太阳能、生物质能等可再生能源与抽水蓄能水电站进行协调，平抑新能源输出的波动性

① 能源互联网研究课题组. 能源互联网发展研究[M]. 北京：清华大学出版社，2017.

值得注意的是：

第一，竞标地区不仅是当地政府的事情，而且是电网公司、设备生产企业、技术开发企业联合成一个集体共同竞标，可以说每一个地区都是进行了当地能源经济基础设施和企业实力情况分析后，制订了详细的计划，才有资格参与竞标。

第二，这 6 个示范地区的选择也是颇有深意，东南西北都有分布，且各个地区的可再生能源比例都有当地省市的特色，如北部属于风电大量馈入区，而南部则是光伏较多。

第三，E-Energy 的目标不只是推进科研、产品的开发和示范，更是建立起电网、企业、政府、协会的交流枢纽，并且大力推进标准的制定以及推广国际标准。

第四，E-Energy 虽然共有 6 个示范地区，每个地区项目的内容不尽相同，但为了实施 6 个示范项目，政府建立了一个跨地区的联合组织，集成了大学、企业、协会、科研机构。

（二）其他欧洲国家能源互联网

为了响应欧盟委员会对于建设未来智能电网的号召，一个由欧盟委员会牵头，总耗资已达到 540 亿欧元的项目 GRID4EU 在欧洲 6 个不同的国家分别展开了。GRID4EU 是目前欧洲最大的智能电网项目，它以 6 大能源公司为主，并由一系列的电力供配售公司、电器设备制造商以及研究机构共同参与。本着发展以及试验新的电网技术，通过示范项目的实行来制定标准，分析智能电网的成本效益，为未来的电网发展奠定了基础。自 2011 年 11 月以来，GRID4EU 在 6 个不同的国家建立了 6 个不同的示范项目，这 6 个项目根据当地的气候，电力资源情况各有侧重点，以便增进各示范项目的互补性，为横向比较研究以及经验共享提供机会。在 GRID4EU 中，诸多未来电网的概念得以实现，如需求侧管理技术、分布式发电（太阳能、风能等新能源与传统化石能源结合）、储能、微电网。而在实施过程中通过电网的监控和用户端的系统控制，各供配售电公司既能够有效地参与到电力市场中，保证整个智能电网的顺利运行，用户也能得到可靠的能源供给，为能源互联网的发展提供了启示。6 个示范项目的具体情况如表 2—2 所示。

表 2—2　　　　6 个示范项目所涉及的范围及侧重点

示范项目	项目侧重点
意大利切塞纳	先进系统控制，增加网络承载能力，最大程度集成可再生能源，分散发电单元
捷克弗尔赫拉比	中低压自动运行，电动车与电网的结合，电能质量检测及孤岛运行
法国尼斯	通过负荷预测、储能设备、微电网来优化分布式太阳能板与电网的结合，同时鼓励用户参与到电力市场中
德国雷肯	电网的检测以及基于多智能体系统的中压电网控制
瑞典乌普萨拉	基于高级量测体系和智能变电站的低压配电系统的监控
西班牙喀斯特里翁	实现中低压的电网自动化以及提高用户在电网中的参与意识

由此不难发现 GRID4EU 下的能源互联网示范项目具有如下特点：

(1)因地制宜，利用原有基础设施。6 个试点项目均从 2012 年开始启动，至 2016 年收尾，若从零开始，以欧盟国家平均的施工速度，几乎是不可能完成的任务，可见试点项目中，均不同程度地利用了原有的电网设备基础，间接表明能源互联网不仅在于对新能源网络架构的规划建设，更强调对于传统网络及资源的利用整合。

既然是整合，则不可忽视地区之间的差异性。GRID4EU 的试点项目巧妙地利用了所在地区的气候条件及与此气候条件相对应的能源方式：德国北威州地区地处温带海洋性气候，有风又有阳光，巧妙利用了德国莱茵集团(RWE)旗下的风机及太阳能为所在地区提供能源；身处南欧的意大利和法国拥有无可比拟的太阳能资源，光伏发电(Photovoltaic，PV)的大量接入和管理固然为不二之选；捷克位于欧洲中部，气候温和，虽然风电、太阳能资源较为稀缺，但热电联产设备的接入，也为能源网络的调节增添了多种可能性。

(2)分层管理，组织架构清晰明确。能源互联网是一张大网，但绝不是一张毫无章法的乱网，在整合能源网络各路资源和对网络进行管理时，必须首先明确网络的组织结构，从而分层管理。GRID4EU 的项目中无一例外地将配电网分为中压网络和低压网络，并赋予其不同的作用和目标。

中压网络更多地承担着地区潮流和负荷调节的任务，其调节目标主要为功率平衡及电压平衡；低压网络则更多地侧重于用户端的交互，因而电动车、节能建筑（包括小型PV、小型热电联合）多在低压网络接入。此外，低压网络还要承担用户数据的收集任务。

（3）削峰填谷，巧用储能分布发电。能源互联网之所以能够优化全网运行，稳定电价，且具有较高的承载能力，储能设备功不可没。4个接入分布式能源的项目中（德国、意大利、捷克、法国），意大利和法国连接新建的锂电池储能设备；捷克的项目中也采用电动汽车的接入作为小规模储能；唯一没有使用储能设备的德国是因为RWE旗下的风机和太阳能设备容量与其经营区域内的最大负荷大致相等，基本可以实现平衡。

储能设备的接入帮助能源互联网削峰填谷，对于网络运营和管理者来说，能量的流动更加灵活、稳定；对于用户来说，能源的价格波动也将相应减小。

（4）智能仪表，需求管理全民参与。能源互联网中，对于大数据和信息的交互也日趋重要。瑞典的试点项目几乎完全侧重于智能仪表的使用，15 000个用户跻身于信息洪流之中，当然也享受着信息化带来的红利：电能质量的检测、电价的分析以及低压配电网中用户需求的分析，使得虚拟电网、需方管理不再仅仅是一个能源互联网参与者茶余饭后的谈资，而是一个个货真价实的工程案例，一点一滴地改变着人们的生活，改变着人们对于能源互联网的理解。而在大量的储能设备和分布式太阳能板的基础上发展出微电网的概念，即在单个或者几个用户的小区域内，实现能源的完全自给自足，这就需要在用户端广泛推进需求侧管理技术，利用智能电表来实现小区域内的能源管理。这正是大区域内实现削峰填谷可能性的保证。因此，在用户侧的调控以及信息的采集，是整个智能电网的前提条件，而以此为基础的智能电表、家庭能源管理的控制系统、电池及其管理系统则是硬件基础。

（三）大阪市岩崎智慧能源网络

大阪市岩崎地区拥有京瓷大阪体育场、永旺百货等大型设施。该地区早在

1996年便建有岩崎能源中心，对区域内13家用户供热供冷；2013年开始，利用区域内热电联产系统作为特定电气事业，对5家用户供电。在区域内实现冷热电联供的同时，利用IT技术实施需求侧响应，确立了智慧能源网络架构。

如图2—1所示，岩崎能源中心由1个主站和3个分站构成，主站配有燃气直燃机、余热回收型吸收式制冷机、电制冷机、热水锅炉等。分站1位于商会大楼内，设置有燃气内燃机和余热回收型吸收式制冷机，其产生的余热除自身使用外，也可融通至主站。分站2位于地铁站附近，设置有燃气直燃机和燃气锅炉。分站3设置于2015年开业的大阪燃气公司宣传体验设施“hu＋g”博物馆内，设置有余热回收型吸收式制冷机，其热源来自大楼内热电联产系统产生的余热以及太阳热，剩余部分可以融通至主站。

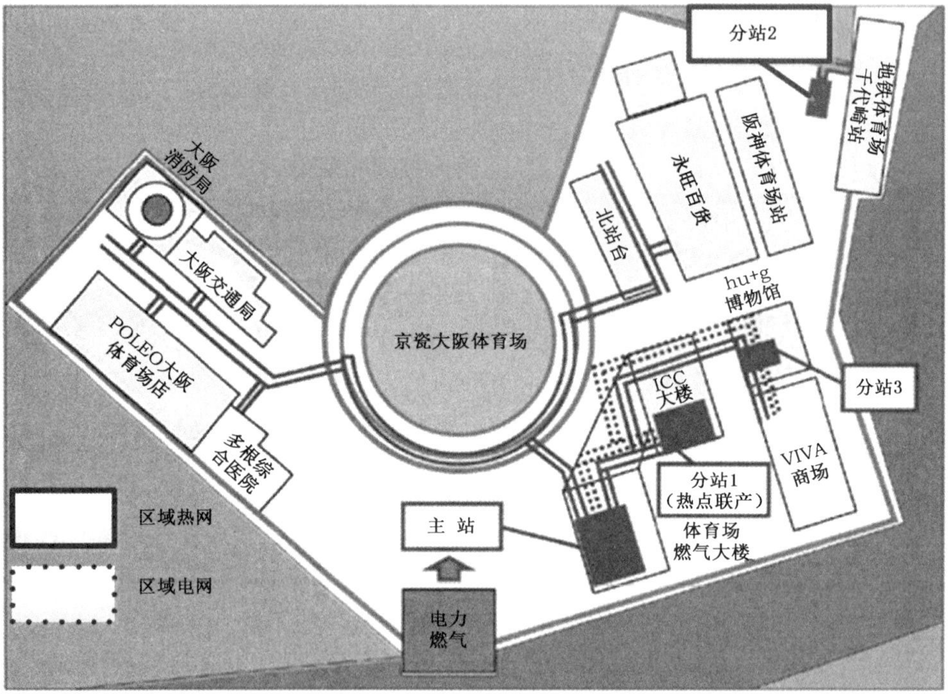

图2—1　岩崎智慧能源网络示意图

除上述各能源站外，区域建筑自身也配置有不同类型的分布式能源系统，具体情况如图2—2所示。永旺百货配有热电联产机组(1 630kW)，京瓷体育场配置有热电联产机组(1 000kW),“hu＋g”博物馆配有停电对应型热电联产机组(420kW)、SOFC燃料电池(4kW)、太阳能集热器(120kW)、光伏发电系统(20kW)和蓄电池(50kW·h)。区域内建筑用户与能源站进行电、热融通,构建高效能源利用体系。

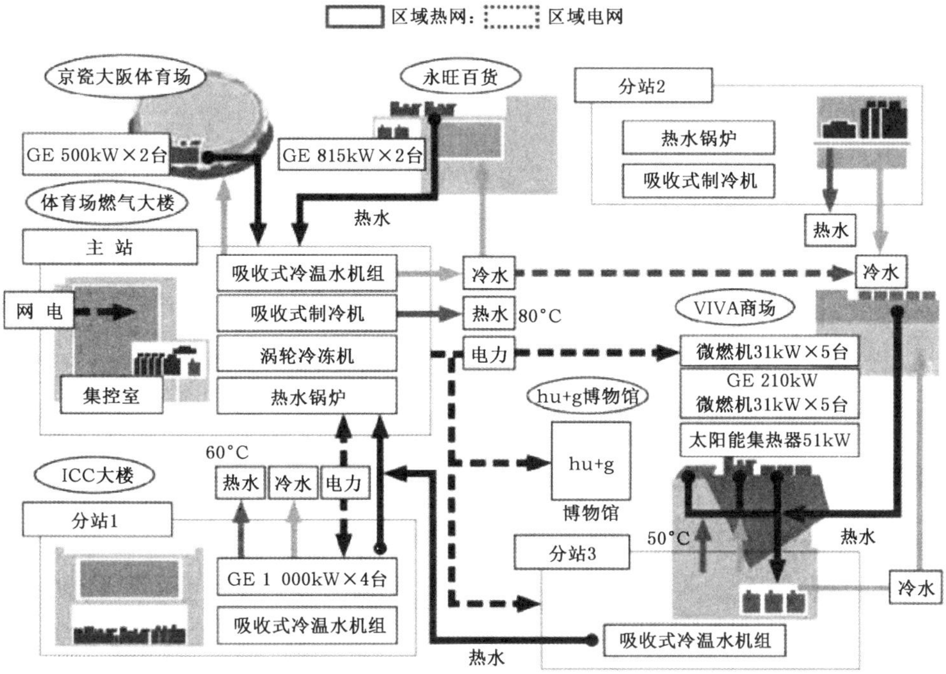

图2—2　岩崎智慧能源网络配置图

(四)东京丰洲码头区域智能能源网络

东京燃气集团以其2020愿景为导向,于2014年开始在新开发的丰洲码头地区构建智能能源网络。在设置兼具能源供应与防灾提升功能的智能能源中心的同时,利用信息通信技术ICT技术导入了可对设备进行实时最优控制的SENEMS系统,为区域内4个地块提供电、热等综合能源服务。具体而言,能源中心配置有7MW级大型高效燃气内燃机组、利用燃气压差的压差发电机(560kW)、余热回收型吸收式制冷机(2 000RT)、电动制冷机(4 000RT)、蒸汽锅炉,同时还设置有电力自营线路、强抗灾性中压燃气管网(见图2—3)。该燃气内燃机额定发电效率高达49%，与其他分布式能源协同，大约可提供区域电力峰值的45%；同时，发电余热亦在区域内融通。此外，热源系统还配置有业务持续性计划(Business Continuity Plan，BCP)对应功能，即使在停电时亦可提供45%的峰值热需求。根据预测，导入上述智能能源网络，可以实现年二氧化碳减排3 400吨，减排率约40%。

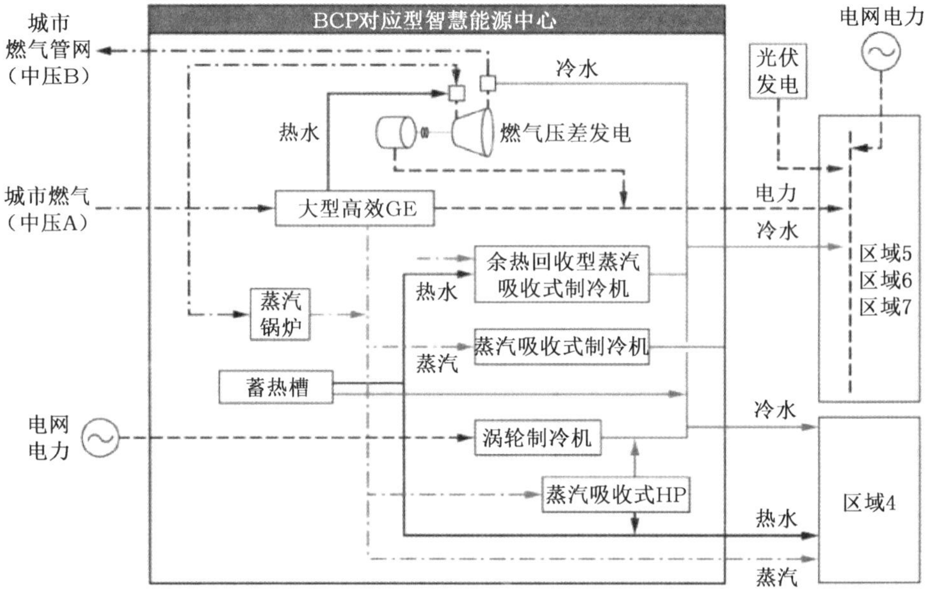

图2—3　东京丰洲码头区域智能能源网络配置图

（五）美国能源互联网发展情况

美国能源互联网领域的创新商业模式迭出，创新主体多元，除科研机构在技术层面的研究突破外，非能源行业也从大数据、云计算、电动汽车、需求响应等多角度切入积极布局（见表2—3）。北卡罗来纳州立大学教授Alex Huang于2007年率先提出能源互联网和能源路由器的技术概念，认为可从通信技术突破，平抑大规模分布式能源接入引起的负荷波动。2009年，奥巴马政府开始推动智能电网建设，其在保障安全供应、匹配供需信息、接纳可再生能源等方面与能源互联网有诸多相似点。互联网企业谷歌于2009年启动了名为“谷歌电表”的免费平台，为消费者提供实时能耗数据，由于无人问津以失败告终。2014年谷歌再次进军能源领域，通过智能家居的后台数据指导消费者进行需求响应。新兴的独角兽公司特斯拉，通过光伏、太阳能屋顶、家用储能电池、电动汽车等产品联合布局，试图从供应侧到需求侧构建全新生态系统，推动可再生能源使用比例的大幅提升，减少乃至抛弃化石能源。

1. 圣地亚哥煤气电力公司智能分布式微电网互联发展

圣地亚哥煤气电力公司供电面积为11 000平方公里，曾经是加州最小的一家电力公司，拥有 4.5GW 发电装机容量，4 000万米线路，340 万用户，根据加州政府的发展规划 2020 年可再生能源发电比例将达到 33%，圣地亚哥煤气电力公司面临着高渗透率的可再生分布式能源高效接入电网问题。例如，2013 年10 月出现了 202MW 的可再生能源电力峰值功率通过28 000个屋顶太阳能发电系统并入电网的情况。

比起当地的太平洋煤气电力公司和南加州爱迪生电力公司，圣地亚哥煤气电力公司更加充满活力，具有成为未来电力行业前瞻性领导者的发展意愿，其创立了具有远见的智能分布式微电网互联（Unified Data Manager，UDM）发展策略，并开展相关示范项目。圣地亚煤气电力公司 UDM 长期发展策略是实现模块化智能分布式微电网的互联系统，主要分两步实施：其中 UDM1.0 的目标为降低 15% 峰荷、无功电压管理示范、先进技术示范应用；系统故障下的UDM2.0 的总体目标是增加系统灵活性和自动化水平，规避潜在停电风险，融合不同的新技术和分布式发电应用，提高微电网供电能力，具体表现在提升应急反应能力、提高运行操作灵活性、减少故障处理时间、增加系统灵活性、示范应用微电网新技术、增加微电网负荷容量。

表 2—3　　美国创新主体对能源互联网的探索

主体类型	名　称	核　心	内　容
科研机构	北卡罗来那州立大学	FREEDM 能源路由器	传统电网中电网的流向是单向的，只能由发电厂流向用户；而在电力系统中，电能的流动是多向的。针对未来分布式能源的广泛应用，能源路由器允许用户的分布式能源相互交易、随时并网或离网运行，并保障其稳定性

续表

主体类型	名　称	核　心	内　容
互联网企业	谷歌	谷歌电表 智能家居	2009 年启动了谷歌电表的免费平台为消费者提供实时的能耗数据，由于无人问津以失败告终。2014 年收购智能家居 Nest，通过 Nest 智能恒温器收集用户能耗数据、学习用户用能习惯，引导用户主动参与电力需求响应
互联网企业	奥能	大数据分析 需求响应	结合行为心理学、用能大数据、房屋信息、周边天气等开发了独特的算法，用户无须安装智能电表就可以了解家中空调、暖气的消耗情况。帮助售电公司进行需求响应，削峰填谷的电量达到 3%
通用设备企业	国际商业机器公司（International Business Machines Corporation，IBM）	物联网	通过传感器连接基础设施形成物联网，建设“智慧地球”，被质疑威胁国家安全，项目无法落地
独角兽企业	特斯拉	太阳能新能源 汽车储能	通过其旗下光伏、太阳能屋顶、家用储能电池、电动汽车联合布局，从供应侧到需求侧构建全新生态系统，推动可再生能源使用比例的大幅提高，促进人类社会可持续发展

圣地亚哥煤气电力公司通过 UDM 发展战略的成果实践，作为美国第一个大规模的微电网项目，实现了基于价格驱动的负荷管理系统应用，并在微电网层面实现分布式能源、储能系统和负荷管理系统的交互，从负荷供应水平看提高了发电系统效率，电网故障后成功实施了计划性孤岛的微电网控制策略，提升了供电可靠性，同时保证了所有参与方的经济效益，由于项目实现的节能减排效果，获得加州能源环境设计金奖和白金奖认证。

目前圣地亚哥煤气电力公司的 UDM 项目已经进入第二个阶段，即 UDM2.0 的阶段，将 UDM 的发展策略成效体现在圣地亚哥煤气电力公司的市场估值上，其股价已接近加州两家最大电力公司的两倍，而市值已接近太平洋煤气电力公司，超过了南加州爱迪生电力公司。现如今按照市值计算，已经成为加州最大的电力公司。表 2－4 为加州三大电力公司股价与市值比较。

表 2—4　加州三大电力公司股价与市值比较

电力公司名称	股价		市值	
	2004—12—31	2017—11—24	2004—12—31	2017—11—24
太平洋煤气电力公司	$33.28	$55.25	$16.3B	$27.5B
南加州爱迪生电力公司	$32.03	$63.3	$10.5B	$22.88B
圣地亚哥煤气电力公司	$36.68	$103.28	$9.1B	$26.3B

2. 斯坦福校园微电网项目内容

绿色建筑的排放与社会效益已经被当今社会广泛接受，斯坦福大学采取以本校能源系统建设为试验来高能效推广经济的能源解决方案。2015 年校园能源系统的解决方案中，高校的能源管理和应用绿色建筑降低排放是未来能源系统的关键需求。因此，针对所有策略，降低排放、节约用水是进行方案比选首先要考虑的衡量指标。

斯坦福大学未来校园能源系统基于全寿命周期成本，提出了 9 套解决方案，主要按照供电模式分为 3 类：燃气、电网、电网＋PV。通过方案比较，结合斯坦福大学用能需求，其中关于电网供电，无余热回收的方案体现了最低的全寿命周期成本和最低的折算投资。建设内容主要包括实施热能回收再利用系统、放弃现有联合燃气机组、铺设 20 英里热水管道取代蒸汽系统、155 栋建筑实现热水供给而不是蒸汽供热、投建 1 座高压变电站。

该项目已于 2015 年 4 月建成，2015 年 5 月正式运行，由于 ICT 技术的应用，极大程度提高了系统的最大化运行水平，整套系统运行只需要两个人员值守。通过规划阶段的方案详细比选，项目实验平衡了能源与气候问题，被证明是一个最为经济的能源供给方案的同时，实现了减排和节水，打造了一条可持续发展的绿色校园解决路径。利用电网供电和高效余热再利用系统，相比原有系统，实现了 50％的减排指标，18％的节水指标，能效提高 52％。

在目前我国电力体制改革和能源互联网发展的形式下，售电侧能源供应系统解决方案的规划设计可以参考斯坦福大学校园能源系统：创新开放、勇于实践和务实的心态，充分利用直接交易政策提供的机会；能源持续发展的目标是从原来的微电网上升为智能微电网的标志；艺术化地应用ICT技术和热力学工程技术使系统达到最大化效率；区域微电网方案的规划需要基于不同场景和需求进行分析计算；用开放的态度对所有成熟技术因地制宜地集成应用。

二、国内能源互联网的发展情况

能源互联网是互联网技术、能源技术与现代电力系统的结合，是信息技术与能源电力技术融合发展的必然趋势。因此，如果以开放、互联、对等、分享的原则对电力系统网络进行重构，可以提高电网安全性和电力生产的效率，使得能源互联网可以与互联网一样信息分享、无比便捷。

（一）能源行业面临巨大挑战

对于传统电力系统来说，最大的挑战是对于柔性的迫切需求。在发电端，随着成本快速下降和各国相关政策强力支持，包括风电和光伏在内的新能源装机正在全球迅速增加。这些新能源装机既包括大规模集中式发电，比如我国西北的风电基地，也包括小规模的分布式发电，比如沿海地区的屋顶光伏电站。而且，这些新能源所发电力，大部分仍将是并网应用，但是伴随着新能源规模的快速扩张，由于布局不合理、输配电设施建设滞后等原因，导致新能源发展出现了“并网难”、设备利用小时低、能源浪费、安全事故频发等问题。

(1)风电的问题严重。“三北”①地区的负荷仅占全国总负荷的36%，却集中了全国75%的新能源装机。2017年前三季度全国弃风电量为295.5亿千瓦时。“三北”地区弃风严重的省份弃风率都有不同程度的降低。2018年上半年，我国风电平均利用小时数达到1 143小时，同比增加159小时。其中，云南省达到1 592小时，稳居全国第一。辽宁省紧随其后，达到1 335小时。福建省、河北省和四川省以1 302小时、1 297小时和1 296小时分别位列全国第三、第四和第五位。与风电发展规模和利用水平稳步上升相携而来的是上半年弃风状况的持续改善，但不可否认的是，仍有很多风电项目由于各种原因遭遇延缓和搁置。

太阳能随着规模的上升，也出现了因无法并网而不得不“弃光”的苗头，在

① “三北”是指我国的西北、华北和东北地区。

甘肃省的一些电站，限电率甚至高达 50%，造成清洁能源的大量浪费。鉴于此，如何在不影响电网安全的情况下，将这些波动性很强的新能源电力尽可能多地并网，成为目前各国电力系统面对的最大挑战。与此同时，出力调节困难的火电和核电，却正在日益大型化，单体装机的规模越来越大，变得更加难以调节。

(2)能源供应危机。我国是世界能源消耗第一大国，但化石能源储量相对匮乏。根据《BP 世界能源统计年鉴》的数据显示，2016 年中国能源消费增长 1.3%，增速不足过去 10 年平均水平 5.3%的 1/4，但中国仍然是世界上最大的能源消费国，占全球能源消费量的 23%，占全球能源需求增长的 27%。2016 年，煤炭产量下降了 7.9%，石油产量下降了 7.2%，均为历史最大降幅。中国石油对外依存度上升至 68%，为历史最高值。

(3)以煤炭及煤电为主导的能源消费结构严重污染环境。一定时期内，我国能源结构仍以煤炭为主，但从供给趋势来看，煤炭的不可再生性和对环境的破坏性，决定了煤在我国能源结构中的份额将逐步减少。煤炭在石油、天然气和水能等常规能源中属劣质能源。在 20 世纪 50～70 年代中期，由于大量廉价石油涌入市场，西方工业国家纷纷弃煤用油，形成了以油、气为主的能源消费结构。我国由于历史原因，一直维持着以煤炭为主的能源结构，截至 2000 年底，我国现有煤炭可采储量为1 145亿吨，占全国能源储藏总量的 76%。因此，以煤炭为主的结构在今后 20 年不可能有太大变化。2016 年煤炭仍是我国能源消费的主要燃料，占比为 62%，主要用于火电。2017 年 1～11 月份，全国电厂火电发电量总计41 728亿千瓦时，同比增长 4.7%，增速比上年同期提高 2.5 个百分点。

(4)庞大的数据资源管理。在"互联网＋"时代，消费者对于能源电力行业提出了更多样的服务和信息需求。随着智能技术的发展，随时可以查询用电量、电价、碳排放量等基础数据已经成为新一代消费者的基本需求，而通过移动互联网实时控制用电器和屋顶的光伏系统也成为现实。因此，整个电力生产—消费链条将产生比过去多得多的数据。如何驱动电力公司信息技术平台和业务应用的升级改造，扩展电网对数据的传输、容纳和处理能力；如何提升电力公司在数据资源价值挖掘的整体水平，促进业务管理向着更精细、协同、敏捷、高效的方向发展；如何利用这些数据为用户和企业产生正的价值，都是电力系统目前面临的挑战。虽然目前电力公司采用峰谷分时电价调节峰谷需求，但是，毕竟消费者长期形成的用电习惯改变需要一定的时间。并且，政府历来采取向民用电倾斜的供电政策，这将进一步增大调整的难度，而通过能源互联网，综合采用各种经济杠杆和技术手段，可以有效平缓电力波峰波谷。

（二）国家战略、产业政策、电价改革多方位支持能源互联网发展

从国家战略层面来看，近两年，能源产业相关支持政策频发，从 2014 年节能减排行动方案、2015 年 5 月《关于加快推进生态文明建设的意见》到 2016 年 2 月《关于推进“互联网＋”智慧能源发展的指导意见》，均体现了政策对节能减排的推进力度及着力推进能源互联网试点示范工作。《能源发展战略行动计划》剑指可再生能源的推广，并将储能产业划为重点创新领域，加快了国内能源互联网建设进程。

2016 年 12 月，国务院印发“十三五”节能减排综合工作方案，提出到 2020 年，全国万元国内生产总值能耗比 2015 年下降 15％，能源消费总量控制在 50 亿吨标准煤以内。全国化学需氧量、氨氮、二氧化硫、氮氧化物排放总量分别控制在2 001万吨、207 万吨、1 580万吨、1 574万吨以内，比 2015 年分别下降 10％、10％、15％和 15％。全国挥发性有机物排放总量比 2015 年下降 10％以上。

从产业政策来看，新能源汽车的大力推广将带动充电桩产业的发展，我国新能源汽车在 2015 年进入了实质性的产业化发展。根据《节能与新能源汽车产业发展规划》显示，2015 年纯电动和插电式混合动力汽车的累计产销量将力争达到 50 万辆，完成 50 万辆充电基础设施建设，2020 年力争达到 500 万辆。

2017 年 6 月 13 日，国务院法制办公室发布了《乘用车企业平均燃料消耗量与新能源汽车积分并行管理办法（征求意见稿）》（以下简称《办法》）。《办法》显示，积分政策将从 2018 年开始实行，油耗积分按 CAFC 法规核算，新能源汽车积分比例则要求 2018～2020 年车企分别要达到 8％、10％、12％。其中，油耗积

分可以结转,新能源汽车积分可以交易。结转或交易后积分仍为负的企业将面临暂停受理不达标新车的申报、暂停生产高油耗车型等处罚。

从电价改革角度而言,新电改放开售电侧,鼓励分布式新能源发电及微电网建设为储能产业发展创造历史性机遇,随之而来的电价交易机制改革及电力现货市场试点将加快输配电市场化进程,使能源互联网供给端及用户端构成更为灵活,有望促进信息能源系统一体化落到实处。

2017 年 7 月,为落实《关于推进"互联网+"智慧能源发展的指导意见》(发改能源〔2016〕392 号)和国务院第 138 次常务会议的部署,有效促进能源和信息深度融合,推动能源领域结构性改革,国家能源局以《国家能源局关于组织实施"互联网+"智慧能源(能源互联网)示范项目的通知》(国能科技〔2016〕200 号)公开组织申报"互联网+"智慧能源(能源互联网)示范项目。2017 年 8 月,全国 55 个首批能源互联网示范项目已陆续开工,我国能源互联网进入实操阶段。

第二节　能源互联网平台建设进展

一、能源互联网研究平台类型

实验研究平台已成为电力设备及网络的研究分析、规划建设、设备设计与制造、功能测试与验证、理论研究等必不可少的工具,可分为全数字实验、物理动模仿真实验、数字物理混合仿真实验 3 种。

(一)全数字实验平台

MATLAB 是 Math works 公司推出的一套高性能的数值计算和可视化软件,专门以矩阵的形式处理数据。MATLAB 将高性能的数值计算和可视化集成在一起,并提供了大量的内置算法库,从而被广泛地应用于科学计算、控制系统、信息处理等领域的分析、仿真和设计工作。但 MATLAB 主要用于理论研究、模型与算法验证等,不是面向电力系统的专用软件,实时性不高、系统封闭、友好性不高,在电力行业的科研院所应用不多。在电力系统离线数字分析实验平台方面，目前比较流行的电力系统离线仿真实验平台有美国电力公司(PTI)开发的PSS/E、中国电力科学研究院开发的电力系统分析综合程序(PSASP)、电力系统潮流及暂态稳定分析程序(BPA)、德国西门子公司开发的电力系统仿真软件(NETOMAC)以及加拿大曼尼托巴高压直流输电研究中心开发的电磁暂态仿真软件(PSCAD/EMTDC)，上述软件主要用于电力系统稳态、机电暂态、电磁暂态过程实验分析。但上述软件依然存在实时性不高、系统封闭、友好性不高的问题，并且缺乏可视化支撑以及信息物理系统仿真、跨应用的耦合仿真、多物理过程耦合仿真以及多时间尺度耦合仿真等能力。

(二)物理动模仿真实验平台

我国1954年起开始了动模实验系统的研究、设计和建设工作。中国电力科学研究院动态模拟实验室始建于1958年，2008年作为国家电网仿真中心的一部分进行全面升级。在微网动态模拟实验平台建设方面，美国威斯康星大学微网实验平台有3台60kW的微型发电机，有4个负载(90kW，45kvar)，1个20H的感应电机，1个15kW三相谐波源以及1个直流负载。CERTS概念的微网在此平台上得到了成功检验。我国浙江电力试验研究院的微网实验室中主要设备和系统有60kW屋顶光伏并网系统、30kW双馈风力发电模拟系统、2台5kW小型直驱式风力发电系统、250kW柴油发电机系统、蓄电池组及100kW双向逆变器、250kW飞轮储能系统以及多个模拟负载柜。动模实验平台能够真实地模拟实验设备及所在系统的稳态、暂态过程，但存在代价昂贵、实验适用范围有限、实验过程复杂、可扩展性不好等问题，缺乏可视化支撑以及跨应用的耦合仿真等能力。

(三)数字物理混合仿真实验平台

在电力行业，已有多种广泛应用于电力系统数字物理混合仿真的产品。主要包括加拿大Manitoba直流研究中心公司的RTDS、法国电力公司(EDF)的ARENE、加拿大魁北克TEQSIM公司的HYPERSIM以及国内各级电力培训机构及电力科学研究院广泛应用的ADPSS、TS2000数字物理混合仿真系统。

上述在电力系统广泛应用的各类实验研究平台各有特点，用于某一细分领域的电力系统实验研究尚可，但在高开放性与可视化的支撑能力以及信息物理系统仿真、跨应用的耦合仿真、多物理过程耦合仿真以及多时间尺度耦合仿真等方面，它们的能力无法完全满足能源互联网整体性、系统性和跨专业实验研究的需求。

同时，随着计算机和通信技术的快速进步，实验研究平台正在向着"开放式、虚实融合、可视化、一体化、分布式协同"为特征的现代化方向发展。在开放性上，实验研究平台应具备数据、模型、图形、通信等公共支撑服务功能，为代码、数据、模型、算法、工作流等实验资源的自定义及定制开发提供规范的服务接口；在虚拟技术方面，采用虚拟现实、多媒体等人机交互技术在计算机上营造可全部替代传统实验各操作环节的相关软硬件操作虚拟实验环境，并可通过数字物理混合实验接口系统与真实的物理设备无缝连接，构建更为逼真的数字物理混合实验环境，为研究人员提供虚实融合的实验平台；在可视化方面，集合计算机可视化和系统建模与仿真技术，采用图形或图像方式对实验过程进行准确跟踪驾驭和结果的后处理，同时实现仿真软件界面的可视化；在一体化技术方面，针对实验中建模—实验—分析—修改模型—再实验的不断反复过程，实验研究平台提供一体化支持功能，包括建模、实验设计、仿真运行、结果等，各项功能有序衔接；在跨领域分布式协同方面，实验平台应用从运作、技术、软件、应用等方面，建立了实验资源开发、集成、互操作、高可扩展的总体技术框架，将各种地理上分布的、功能上分离的实验资源（包括设备、仪器仪表、模拟器、激励器、仿真系统等）组合起来，形成一个综合分布式协同实验环境，以逼真、经济、高效的方式完成复杂联合实验任务。

二、能源互联网平台现状

能源互联网以现有电网为基础，利用新型清洁能源、互联网技术等，通过能源调节系统，将多种资源优势互补；结合微网技术，实现储能与多级分布式开放系统；基于云计算、物联网、空间监测等技术，分析整合城市内能源关键信息，对能源需求做到智能回应，促进价值共享，突破行业发展"瓶颈"，提高能源利用率，实现真正的能源资源共享，这也是能源互联网智慧平台所要努力的目标。国家电网开创国内首个大型集群风电智能控制系统，通过风光互补、储能调节、智能调度，实现新能源发电的稳定、可控，破解了新能源并网难题。智慧平台扎实基础，不断前进。德国有“工业 4.0”计划，美国有工业互联网与大数据国家战略，我国也提出了“中国制造 2025”战略，可见新一轮产业革命制高点成为各国必争之地。

能源资源共享的实现需要大量准备：建设能源大数据、可直接利用的能量转化技术、信息数据的实时交互与传输分析等，保证科学的信息流、能量流、能源流，保证区域能源供应与区域能源协调供给。能源互联网倡导多能广域协同互补，智慧平台深耕综合清洁能源系统，对高耗能产业进行智能化改造，利用智能光伏电站等云平台从横纵维度实现多能源互补、多环节能源供应，提高可再生能源利用效率。协鑫集团创新性提出“六位一体”能源发展战略，开启国内首个“六位一体”能源互联网项目——苏州协鑫能源中心，利用能源站集成、智能化控制和云计算技术将天然气、太阳能、风能、地热能和储能等清洁能源集成构建分布式能源网。具体平台内容见表 2—5。

表 2—5　　2017 年能源互联网智慧平台排行榜

排名	名　称	业　务
1	国家电网公司	大型集群风电智能控制系统
2	福建福能股份有限公司	投运区域集控中心
3	中国华能集团公司	现场总线控制系统(FCS165)
4	协鑫集团控股有限公司	能源互联网云平台
5	远景能源(江苏)有限公司	格林威治云平台
6	新奥集团股份有限公司	泛能网技术
7	江苏爱康科技股份有限公司	新能源大数据平台
8	浙江南都电源动力股份有限公司	智慧能源系统储能
9	深圳市科陆电子科技股份有限公司	智慧水务平台
10	陕西西咸新区发展有限公司	低碳智慧公共交通体系能源互联网建设
11	杭州中恒电气股份有限公司	新型 O2O 一体化用电服务体系
12	南京新联电子股份有限公司	智慧能源云平台

续表

排名	名　称	业　务
13	安徽易开汽车运营股份有限公司	电动汽车共享云平台
14	厦门科华恒盛股份有限公司	生态节能型数据中心机房
15	特变电工新疆新能源股份有限公司	智慧光伏 e-Cloud 平台
16	上海电力股份有限公司	城市综合智慧能源供应与服务
17	双良节能系统股份有限公司	智慧能源管理系统
18	珠海派诺科技股份有限公司	智慧能源云平台
19	成都雅骏新能源汽车科技股份有限公司	智能充电桩互联网平台
20	新天科技股份有限公司	智慧能源管控一体化平台

互联网能打破地域的限制，但要实现广域输送能源却很困难，一方面途中消耗能源极大；另一方面，如果使用现有科学技术会造成技术成本过高，这些问题都需要智慧平台出谋划策。在探索能源互联网新制度的途中，智慧平台不断强化互联网与能源之间的高效联动，促进能源新业态形成。在能源互联网体系下，努力做到能源全程智能可控，引入智慧功能并逐步过渡到智慧能源的高级阶段，充分实现能源开发利用分布式与自主性。

三、能源互联网平台的功能实现

能源互联网研究平台可支持图 2－4 所示能源互联网及其架构的搭建、模式设计、重组、研究验证和实验检测等功能，可供研究人员同时进行能源互联网相关课题研究，可以进行能源互联网相关研究成果模拟演示、展示及实验、检测。

（一）展示互动功能

能源互联网研究平台通过信息采集，在建立连接资源的互联信息模型基础上，构建对应资源的 3D 数字模型。通过该模型可以直观展示能源互联网概念模型。通过信息采集通道，可以实时显示对应资源的运行信息；同时，通过触摸屏等交互装置，可以输入研究性模拟“能源互联网”激励信息，通过研究平台模拟智能负荷、分布式电源等响应情况，并通过 3D 界面直接采集真实实验装备的

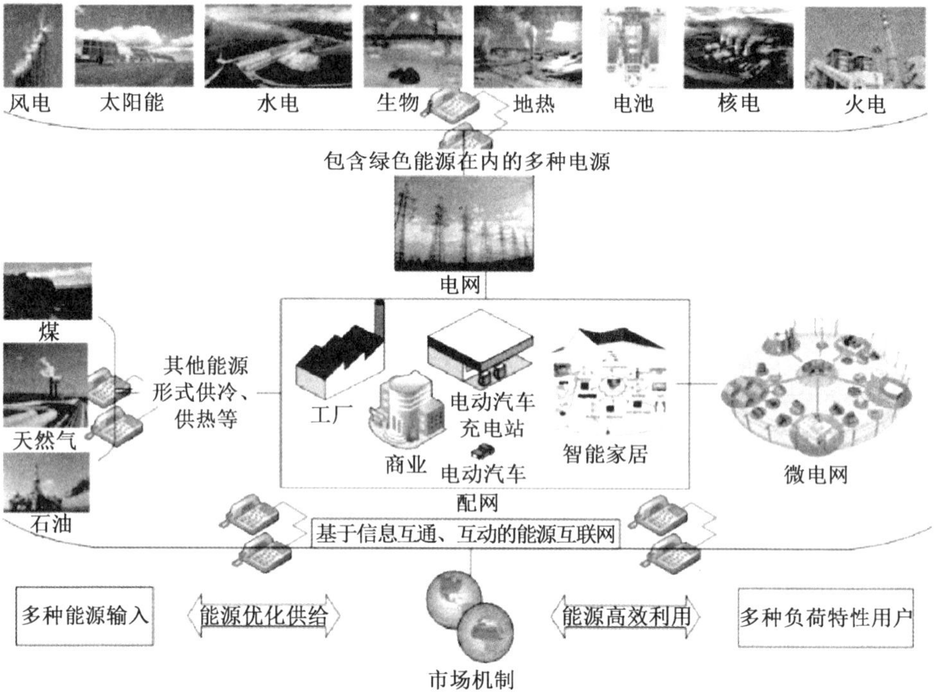

图 2—4　能源互联网及其架构

实时响应运行信息；完成能源互联网运行态势展示和外界输入信息的响应互动。

（二）实验研究功能

（1）能源互联网整体概念及构成要素研究能力：具备研究能源互联网概念模型、构成要素、相互关系、能源互联网互联信息模型及优化控制概念模型的能力。

（2）具备能源互联网运营、运行控制研究能力，能够进行如下研究：研究能源互联网调度运行及控制技术，研究能源互联网条件下能源的市场化运营及价格机制。

（3）跨区域能源互联网概念研究能力：可以进一步发展为具备跨越地理时空能源互联系统概念及相关数据的管理研究能力。

（三）检验测试功能

（1）能源互联网研究平台建成后将利用分布式新能源网格化功率预测技术优势，为能源互联网内分布式新能源发电效率测试提供依据。

（2）验证能源互联网中电压控制策略及分布式电源/负荷协同交互控制策略的有效性，指导分布式电源的并网发电方式。

（3）具备各种通信技术对能源互联网智能互动化业务的适应性、支撑能源互联网相关资源的互联互通测试、支撑能源互联网通信技术指标体系测试的能力。如电力设备通过 IPV6 网络方式接入电力通信系统的验证测试。

第三节　企业能源互联网建设布局

“互联网＋”是国家倡导的产业升级战略，“互联网＋”生态将构建在万物互联的基础之上。而能源互联网只是把交换的“介质”从信息和商品变成了能源，并实现开放协作、跨界融合。能源行业正在“互联网＋”的风潮下发生巨变。无论是传统能源企业、新能源企业还是互联网企业，都纷纷在“互联网＋油气”“互联网＋电网”“互联网＋煤炭”和“互联网＋电力”等领域布局。

一、“互联网＋油气”

2015 年 6 月 10 日，中国石油与腾讯签署战略合作协议，探讨如何利用互联网技术促进能源企业的转型发展，实施“互联网＋油气”产业。根据战略合作框架协议，双方在业务开发与推广、移动支付、互联网金融、媒介宣传、O2O（线上与线下联动）业务、地图导航、医疗、旅游、团购、用户忠诚度管理（积分会员管理）、云服务、大数据应用与联合营销等领域探索开展合作，通过充分发挥双方核心能力和战略资源互补优势，共同推进相关产品和服务的创新以及产业升级。此前，中国石油与腾讯公司已在网上充值、微信服务号等方面展开合作。油品销售业务亟须利用互联网来促进企业的转型升级。

2014 年 8 月 26 日，中国石化率先与腾讯科技签订合作协议，从销售端拥抱互联网，双方在业务开发与推广、移动支付、媒介宣传、O2O业务、地图导航、用户忠诚度管理、大数据应用与交叉营销等领域探索合作。2015年4月，中国石化与阿里巴巴达成合作协议，双方在大数据提升产油量、统一支付体系、车联网、电商O2O等方面进行广泛合作。中国石化正以积极的态度拥抱“互联网+”带来的新机遇，谋求在新一轮科技革命产业变革中抢得先机，实现转型发展。

二、“互联网+电力”

在电力领域，国家电网也早已布局。在全球能源互联网建设过程中，无论是理念推广，重大问题研究和国际交流，还是协同创新和标准体系建设，央企均发挥了积极作用，在助推全球能源互联的同时，也使我国在世界能源领域的话语权进一步增强。

早在2009年5月，国家电网首次向社会公布智能电网发展计划时，时任国家电网副总经理的舒印彪就对特高压电网的重要意义予以了强调。在2014年11月的APEC峰会上，舒印彪进一步提出，依托特高压技术，打造“一带一路”经济带输电走廊，实现与中亚五国的电网相连。2015年2月，时任国家电网董事长的刘振亚在其新出版的《全球能源互联网》一书中，则对自己多年来的思考和实践进行了系统阐释。书中介绍建设全球能源互联网骨干网架，总体分三个阶段实施。到2035年，完成洲际互联，亚欧非率先实现跨洲联网，全球形成“五横五纵”格局，跨洲跨区电力流达2.8亿千瓦。到2050年，建成亚欧非和美洲主要联网通道，全球形成“七横七纵”格局，跨洲跨区电力流达7.2亿千瓦。到2070年，建设北极能源通道，全球形成“九横九纵”格局，跨洲跨区电力流达12.5亿千瓦。

在全球能源互联网的建设方面，央企可谓是全方位参与。比如，在重大技术创新方面，国家电网总经理寇伟表示，国家电网公司拥有18个国家级实验室，特高压输电、智能电网、新能源并网等多项技术国际领先。目前，正围绕构建新一代电力系统，积极开展可再生能源友好并网大规模储能等先进技术的研发。依托创新实践积极参与国际标准制定，累计编制国际标准 51 项。

在电力资源调度方面，国家电网加快西电东送能源大通道建设，建成 18 项世界领先的特高压工程，输电能力达到 1.9 亿千瓦，可再生能源并网容量达到 5.1 亿千瓦。南方电网亦大力实施西电东送战略。南方电网区域内能源资源禀赋、生产力发展呈现逆向分布的特点。为实现区域内资源优化配置，目前已建成 18 条 500 千伏以上输电大通道，最大输送量能够达到4 500万千瓦，其中超过 80％为清洁能源，一方面为东部省区提供了清洁优质的电力供应；另一方面，将西部清洁能源资源优化转化为经济优势，带动了西部经济社会发展。2018 年 6 月，全面建成投入运行滇西北直流工程，加快推进云南送广东、广西柔性直流工程，南方电网最大输送能够达到5 800万千瓦，年输送电量超过2 500亿千瓦。

国网四川省电力公司与腾讯公司签署战略合作协议，双方约定就“互联网＋电网”服务应用平台展开深层次合作，实施“互联网＋电网”战略。“互联网＋电网”项目以“互联网＋”解决方案为抓手，以腾讯智慧城市为平台，依托国网四川电力的电力智能化服务，结合腾讯在网络社交、云计算、大数据等领域的领先优势，开展全方位、深层次的战略合作。电网业务数据量大，普遍认为目前对数据的挖掘不够，接近用户侧的数据价值很大，也是智能生活的重要节点。

广西投资集团有限公司大力推进天然气智慧管道的建设，其中重点推进的工作内容：一是以数字化管道为基础，推动广西省级天然气管网向智慧管道转变。主要是通过在现场设备安装传感器实现数据自动采集、通过构建监控系统平台实现现场过程控制以及对管道的实时监控，通过信息采集与“互联网＋”技术的融合，最终实现生产综合管理的智能化从而实现智慧管道。实现管道所有的参数、包括所有的部件、所有周围环境的数据等方面的信息都是数字化的，并通过对相关信息的自动分析为优化运行提供依据。二是实现整个广西省级天然气管网网络的互联互通，实现环网的智能化运营。广西天然气管网的气源将实现多元化，从不同的方向会有几个气源进来，在这个背景下，网与网之间要环起来运行，可以实现互保，并依托能源互联网平台，当任何一个管道出现问题时，可以自动发出指令从别的管道供气过来，这叫管网的智能化。而这些功能要顺利实现，也离不开能源互联网战略的实施，通过对大量采集信息数据进行分析、计算，依托互联网平台的智慧燃气解决方案，在环网的任何一个环节出现问题时，系统可以自动分析生成问题解决方案，从而大幅提高管道网络的安全运行水平、提高管网的运行效率，保证供气和用气的稳定性。三是实现全球定位系统(Global Positioning System，GPS)的定位巡检。通过互联网技术与日常巡检工作相结合，通过GPS精确的定位功能，能实时掌握巡检到哪个位置、哪个位置有问题也可以直接进行定位，从而可以更加有效地提高巡检工作效率和对问题的精确定位，大幅缩短问题应对和解决时间。四是实现智能的维抢修。依托能源互联网平台强大的数据采集能力和计算功能，实现对管道故障的自动识别功能并自动采取应对措施，比如管道哪里有问题了，系统将自动提供维抢修的方案，比如要关哪些阀门，哪些要环供、切换气源，哪些地方要采取应急措施等，都可以通过能源互联网平台实现。五是对下游用户收费系统的"互联网+"，实现收费系统的智能化。依托能源互联网平台实现网上收费，通过网络进行预先充值等，甚至延伸到移动支付等领域，从而实现收费的互联网化，进一步提升效率。与此同时，在推进分布式能源智能化建设方面广投集团也是不遗余力。分布式能源是分布在用户端的能源综合利用系统，特别是燃气冷热电三联供系统是对大电网的有效补充，是一种环保节能的能源供应方式，同时也是实现智能微电网的基础。

三、"互联网+煤炭"

2015年5月开始，神华集团利用网络销售产品打开了"互联网+煤炭"行业的小窗口。为更好地适应市场，神华积极进行转型，数字化及信息化均将成为神华"十三五"规划的一部分。如探索成立售电公司，通过互联网平台销售包括新能源在内的电力产品和碳配额；另外，搭载互联网销售电力宽带及其他电子、电力改造产品和服务。

"互联网+煤炭"电商平台，作为煤炭行业供给侧改革的连接器、驱动器、加速器、链接煤炭供给/需求、线上/线下有限互联互通，催化金融交易、运力交易等新兴业态，推动煤炭供给侧与需求侧的有效协同，支撑“互联网＋”能源乃至能源互联网的创新发展。“四期叠加”新常态下，“互联网＋煤炭”电商平台正当其时，指引着煤炭产业升级与服务创新的新方向，是煤炭行业供给侧改革的新平台。

四、新能源企业的“能源互联网”

除了传统能源行业，新能源企业搭载“能源互联网”之势更是愈演愈烈。绿能宝集团在 2015 年 6 月 16 日公布能源互联网生态圈的战略布局。其推出的“绿能宝”是一款实物租赁理财产品，投资者可在平台购买光伏产品，并通过绿能宝委托租赁给光伏电站项目获得收益。

相关上市公司如智慧能源、积成电子、科华恒盛等也在积极涉足能源互联网领域。积成电子有限公司与英特尔亚太研发有限公司签署了战略备忘录，双方在山东省智慧能源公共服务平台、智能终端设备以及大数据、云计算和数据中心等领域展开全面合作。

作为“全国智慧能源公共服务云平台”战略合作伙伴，积成电子目前已经积累了16 000家以上企业用能信息数据，公司参与研发的全国智慧能源联盟公共服务云平台规划中的首个省域实验性平台“山东省智慧能源公共服务云平台”已经实验运行，计划未来将采集3 000家以上企业动态用能信息数据。同时公司承建的山东省节能信息系统平台建设项目业务范围覆盖了全省 17 个地市、140 个县和省重点用能单位的节能信息系统，布局了25 000个用能采集点，这些采集点是公司卡位能源互联网入口端的重要布局。未来公司将通过合作方式或外延发展积极布局“能源端＋微网＋用能端”等各环节，与英特尔合作有利于推进基于数据分析的增值服务解决方案，达到能源高效利用的最终目的。

远景能源有限公司是能源互联网的领军企业，其打造的远景能源物联网平台(EnOS)如同一个生态系统，成为一个设备社交网络，远景是“使能者”角色，各路应用开发者都可以在平台上施展。能源系统的物理世界打碎后，需要在数字世界重新统一融合。这样的融合和重构，需要通过能源物联网平台来有效实现。2016 年 9 月推出的远景能源物联网平台，目前管理着超过 100GW 全球新能源资产，连接着超过5 000万个传感器和智能设备，已经是全球最大的能源物联网平台。EnOS 利用物联网、云计算、大数据等先进技术，连接和管理太阳能板、风机、储能、用电终端，让每个家庭、社区、甚至每个城市的各类能源设备协同运行，实现对负荷的精准监测和管理，利用系统柔性来实现供需匹配，可以显著优化基础设施投资成本，提升运营效率，降低系统协同成本，推动全球能源转型，让清洁、廉价、充足的美好能源世界成为现实。

第四节　能源互联网建设的意义

能源是一座城市正常运转不可或缺的要素，城市也是能源消费的主体，全世界 80%的能源消耗集中在城市。努力提高全国能源基础设施的承载能力和运行效率，加快推进城市用能习惯转变，实现清洁能源替代和能源综合优化配置，建设城市能源互联网势在必行。构建能源互联网具有显著的能源、经济、社会、环境等综合效益，发展前景广阔。

随着新一轮能源结构调整和能源技术变革时代的到来，能源互联网推动能源转型，实现区域绿色低碳发展，推进可再生能源产业链全面国际化发展，提升我国可再生能源产业国际竞争水平，并且从城市能源可持续发展角度出发，通过构建城市能源互联网，带动全国经济变革与能源转型，加大基础设施建设力度，使经济布局更加均衡协调，全面实现互利共赢和美丽中国。

一、推动消费革命和生产革命

能源互联网创新用能方式，通过市场价格信号与供需信息的实时互动，引导用能行为和消费方式，抑制不合理能源消费，同时消费者可从更加多元的市场主体中选择更加丰富、便捷、经济、普惠的用户服务。能源互联网改变能源系统格局，提高能源系统接纳生产、传输、储能等新技术的能力，有助于构建多元供应体系。能源互联网提供了开放平台，为数据分析、实时诊断、远程控制等创新技术应用打开空间，促进能源生产方式的不断变革。能源互联网对接能源生产者与消费者，体现出系统性和交互性，改变以往单点突破的局限性，在供应侧和消费侧同时发力，推动能源系统更加安全、清洁、高效、可持续。

二、推动技术革命

能源技术的全面变革将带动巨大的产业机遇。能源系统本身的技术变革，横向打破不同类型能源的壁垒，形成多能互补、无缝转换的新体系，纵向实现能源开发、生产、运输、存储和消费全过程的“源—网—荷—储”协调。能源装备、能源技术、能源服务都将衍生出巨大的产业新空间。能源互联互通后带来新的应用场景，推动能源贸易、能源金融、能源大数据、能源区块链等新业务、新模式的发展，能源产业链将伴随能源互联网而组合重构，构成跨领域、跨环节、交叉网络的产业生态圈。

三、推动产业升级

政府和市场引导企业加入工业互联网平台，深入产学研平台研究，实现知识、资源共享，从而助力企业提升企业研发设计能力，增强企业协作配套能力，提高核心竞争力。此外，能源互联网为能源区块链提供市场，实现技术价值，能源区块链推动能源互联网产业升级。作为建设能源互联网的根本动力，实现从微观技术到宏观产业的全新升级，首先要推动配套技术创新，进一步通过技术革命切实改善电网升级发展，提高能源领域和服务领域的有机融合，在技术更加成熟的基础上，实现全球能源共享。

四、推动体制革命

能源互联网作为一种新的生产力模式，使能源从单向供应改为双向互动，催生新的业态和组织方式，对现有的能源监管准入、政策法规等体制机制提出改革要求。目前，国家正在自上而下地推动能源体制革命，能源互联网通过系统性的变革和对接市场供需，为能源体制革命识别出具有针对性的、更贴近市场的突破点和难点，为建立“平等开放、广泛互联”的能源系统提供基本的工具和手段，为电力、燃气等重点领域改革提供新的动能。

五、提升能源国际合作水平

在“一带一路”倡议推进过程中，能源项目是最早“走出去”的重点领域。通过能源互联网，这些项目可低成本实现远程监测和控制管理、实现无人值守和少人值班，并可提供可靠的运营数据实现金融增信，将大幅降低投资、运行、维护成本，提升管理水平和效率，使走出去的项目更有竞争力，使沿线地区进一步认识和认同我国的水平和实力，取得更多的国际合作机会。

此外，能源领域的竞争和合作一直是全球政治博弈的焦点，率先发展能源互联网有利于提升我国参与全球治理的能力，提升我国在全球能源领域的竞争力、引导力和话语权。

第五节　能源互联网的落脚点——综合能源服务

实现能源供需的高度协调匹配是能源领域供给侧改革的核心目标之一，这意味着实施供给侧改革的过程中必须重视需求侧响应的关键作用。在能源互联网的支撑下，综合能源服务解决方案将是践行供给侧改革、推动需求侧响应的关键手段，也是未来各类能源公司的发展重点。

逐步降低高污染、不可再生资源比例，建立以新能源为主的能源供应体系，这既是淘汰落后产能、实现经济转型的主要推动力，也是改善环境、实现可持续发展的唯一途径。因此，能源体系的供给侧改革已经刻不容缓。那么，关注供给侧改革是否就意味着可以放弃需求侧呢？其实不然，只有供给需求双侧协调配合才能实现上述供给侧改革目标，因此需求侧响应是实现供给侧改革目标的关键手段之一。同时，作为供给侧改革与需求侧响应的关键支撑平台，能源互联网将是促成供需有效匹配的重要工具，其落脚点则是综合能源服务解决方案。

一、需求侧响应是实现供给侧改革目标的关键手段之一

在我国能源系统的发展过程中，一直将能源需求作为一种刚性需求，各个能源行业的发展也基本遵循着“扩张保供”的思路，这一点在电力行业尤其明显：当电力供需矛盾突出时，单纯增加发电装机和输配电容量来满足日益增长的用电需求，同时辅助以有序用电、负荷控制等行政手段来减少高峰用电负荷。然而，我国的能源革命不仅要关注开源，更要关注节流，统筹兼顾全部资源的合理配置。因此，要实现从无限满足电力需求走向有限(合理)满足电力需求的思维转变，改变依靠增加能源供应来满足需求增长的传统模式。在这方面，需求侧响应将起到重要作用。

(1)实施需求侧响应有利于转变电力供给侧发展方式。在传统的发展模式下，为保证系统的安全稳定运行，同时满足高峰用电负荷，主要的方法是在供给侧增加调峰容量、扩建电网输配容量来满足短暂的尖峰负荷。然而，传统模式的投资成本较大，电网和电厂的资产利用效率、投资回报率都较低，这种只注重供给侧改革却忽略需求侧资源的做法会带来大量的资源浪费。因此，要从根本上转变单纯依靠扩大供给规模来满足电力需求的思路，充分调用供需两侧资源。具体来讲，就是在用户侧实施需求侧响应，削减或转移用户的部分高峰负荷并降低峰谷差，从而减少系统对新增发电容量和输配电系统扩容的需求。这样做既可以提高现有系统设备的利用效率，同时还能提高系统运行的安全可靠性，并节省土地、资金、人力等多种关键社会资源。因此，实施需求侧响应能够调整电力供给侧的发展方式，把有限的资源投入到真正需要的地方。

(2)实施需求侧响应有利于调整电力供给结构。能源消费和供给革命要求将传统的化石能源供应体系逐步转变为清洁能源供应体系，能源供给的思路也要由“有什么供应什么”转变为“什么好供应什么”。目前，风电和太阳能发电等可再生能源发电的“逆负荷”特性带来了严重的消纳难题。以我国西北地区为例，风电出力在夜间达到高峰，却正好遇到负荷低谷而无法消纳，白白浪费了大量珍贵的风资源。因此，为配合供给侧改革的“低碳化”，应当积极实施需求侧

响应，设计合理的价格及激励机制，配合分布式、储能、电动汽车等灵活的需求侧响应资源，引导用户负荷主动追踪可再生能源发电出力，从而在大规模可再生能源发电并网的背景下提高供需双侧的匹配度，显著降低"逆负荷"特性给可再生能源发电消纳带来的不利影响。因此，实施需求侧响应能够帮助协调能源供需平衡，促进能源供给侧结构性调整。

(3)实施需求侧响应有利于提高能源供给侧的精细化管理水平。需求侧响应资源的开发和利用关系着整个电力系统的优化、能源效率的提升。实施需求侧响应后，能源供应商能够通过大数据分析、用电诊断、信息挖掘等手段掌握用户的用能特点、负荷发展特性等，从而针对不同用户提供更为个性化的用能服务模式。因此，实施需求侧响应能够使能源供给更为精细化，使能源供给与用户的实际用能需求更为贴合。

综上所述，未来应当把需求侧响应资源作为一种与供应侧对等的系统资源，不断开拓创新，将需求响应思维渗透到系统运行的每一个环节和每一个参与者，从而倒逼能源供给侧变革，倒逼能源部门转变发展方式，倒逼企业提升能源管理水平。在能源互联网技术的支撑下，需求侧响应对供给侧改革的推动作用将变得更加明显。

二、能源互联网对供给侧改革及需求侧响应的支撑作用

作为一个跨领域且不断演化的概念，能源互联网目前还没有一个普遍认可的定义。然而将互联网思想引入能源产业后，能源互联网将实现我国不同能源行业之间、能源行业与其他行业之间的深度融合，从而能够在最大程度上提高各行业对化石能源的利用效率，充分发挥电力系统的枢纽作用，从而提高清洁能源在终端能源消费的比重，进而改变我国能源消费和供应的基本模式，理顺我国经济社会发展与能源消费的相互关系。因此，能源互联网对能源革命的推动作用目前已得到了社会各界的广泛认可，作为能源革命的重要环节，能源互联网对供给侧改革及需求侧响应的促进作用也十分明显，这主要体现在以下三方面：

（1）推动以用户为中心的发展思维转变。目前受到自然垄断特性影响，我国能源行业的资源集中度高、市场竞争意识较弱，能源领域长期以来按照“跑马圈地”的粗放式、扩张式的发展模式，对用户的实际用能需求考虑较少。随着能源互联网技术及理念的迅速发展，将改变现有的能源系统架构及运营模式，转变成与更多消费者互动的集中式能源辅以大量分布式能源的能源网络，这将产生新的利益区块，催生多元化的新商业模式和投资机会，吸引更多投资者进入。现有能源体系的封闭、垄断结构将被彻底打破，新的能源体系将从以供给主体为中心彻底转向以用户需求为中心。在新形势下，各能源企业只有更好地满足用户能源需求、解决用户的用能难题、提供系统的能源服务解决方案，才能继续占据能源产业的主导权。同时用户的需求侧响应将进一步扩大为用户的综合用能管理，这是综合能源服务解决方案的重要组成部分，配合分布式能源、微网、储能等设备，用户将既是“生产者”也是“消费者”，这也要求能源互联网的运营商要拓宽思路，逐步提供定制化能源管理服务、设备维护服务、节能服务等增值服务。

（2）推动广域内能源的协调及优化配置。在能源互联网开放、互联、对等、分享的特征影响下，系统运营商能够以用户需求为导向，在规划阶段就充分考虑未来的系统运营需求，以分布式能源、微网等分散式能源模块与大规模风电、光伏等集中能源模块相协调为基础，打造一个多主体共赢互利的生态环境，推动广域内能源的协调及优化配置，实现能量的梯级优化利用，为未来能源系统“源—网—荷—储”协调优化打下坚实基础。

（3）推动多种类能源横向跨界融合与优势互补。在传统能源系统的运营模式下，各个能源种类之间处于相对割裂的状态。能源互联网能够打破这种现存的能源界限，统筹考虑一次能源和二次能源供应网络的规划、建设、改造和技术升级，实现各类用能网络的无缝对接及其在运行控制和管理维护上的高度智能化管理，达到各类能源网络整合、能源综合利用以及能源结构调整的目标，从而在系统运行过程中实现整个能源利用体系的横向“多能互补”和纵向“源—网—荷—储”协调。

综上所述，能源互联网将有效整合现有能源供需双侧的规划、运行等系统要素，成为供给侧改革及需求侧响应的重要支撑手段。当具体落实到用户端时，未来能源互联网的系统运营商应当为用户提供综合能源解决方案，以充分发挥这种支撑作用。

第三章

综合能源服务概述

第一节 综合能源服务发展背景

随着我国能源消费供给、能源结构转型、能源系统形态呈现新的发展趋势以及互联网信息技术、可再生能源技术以及电力改革进程加快，开展综合能源服务已成为提升能源效率、降低用能成本的重要发展方向，也成为各企业新的战略竞争和合作焦点。综合能源服务新业态的发展正在对传统能源市场和商业模式产生强烈冲击。为适应能源发展新形势，抓住新的商业机遇，抢占新一轮产业发展制高点，各传统能源企业纷纷加快向综合能源服务转型的步伐，新能源企业纷纷延长各自的产业链、快速拓展其业务范围，各种社会资本和新技术也大量涌入该领域，试图为未来的能源竞争和企业可持续发展提前布局。

近年来，综合能源服务在全球迅速发展，引发了能源系统的深刻变革，世界各国均根据国情制定了适合自身发展的综合能源服务发展战略，国外大型能源企业和服务商均结合自身优势，开展了差异化的综合能源服务。国内企业也纷纷掀起了向综合能源服务转型的热潮。但是，我国的综合能源服务市场尚处于起步阶段，真正意义上的综合能源服务产业尚未形成规模。而且我国分布式能源刚刚兴起，存在着技术、经济、体制机制等各方面的问题；能源技术创新能力不足，一些技术仅停留在概念上，转化应用尚待时日。还有能源价格机制的建立，售电、配电资格的放开程度等，都是建立综合能源服务市场将要面对的难题。

2015 年 3 月 15 日，中共中央国务院发布了《关于进一步深化电力体制改革的若干意见（中发〔2015〕9 号）》，标志着新一轮电力体制改革拉开了序幕。此次电改最大的亮点是在“放开两头、监管中间”的体制架构下有序推进售电侧放开，鼓励社会资本进入售电市场，形成“多买方—多卖方”的电力市场格局。同年 11 月，作为新电改 6 份配套文件之一的《关于推进售电侧改革的实施意见》发布，明确指出要整合互联网、分布式发电、智能电网等新兴技术，促进电力生产者和消费者互动，向用户提供智能综合能源服务。在上述政策支撑下，2017 年 3 月 31 日，国家能源局发布了《关于开展分布式发电市场化交易试点的通知》的征求意见稿，进一步明确分布式电源主体可就近与用户进行电力交易。

国外综合能源服务模式已相对成熟，主要的综合能源服务商也由专业大型电力企业和跨界信息企业转型而来。德国、美国、法国等很多国家的大型电力企业均为综合能源服务商，比如美国太平洋燃气电力公司、法国电力公司、德国莱茵集团等，它们除提供多种能源供应外，还提供电能质量、节能改造、需求侧响应、分布式电源接入、电动汽车接入等多元化增值服务。此外还有一些新兴参与市场主体，主要是一些大数据、互联网公司如 C3 Energy、OPower 等，它们也与电力公司合作，基于电力公司提供的数据和自身大数据分析技术，提供一些用能分析、节能建议、需求响应等增值服务。

第二节　综合能源服务内涵

综合能源服务是一种新型的为满足终端客户多元化能源生产与消费的能源服务方式，涵盖能源规划设计、工程投资建设、多能源运营服务以及投融资服务等方面。即在传统综合供能（电、燃气、热、冷）基础上，整合可再生能源、氢能、储能设施及电气化交通等，通过天然气冷热电联供、分布式能源和能源智能微网等方式，结合大数据、云计算、物联网等技术，实现多能协同供应和能源综合梯级利用，从而提高能源系统效率，降低用能成本的一种新型能源服务模式。其具有四大特征：绿色清洁、经济高效、多样服务以及多方共赢。

综合能源服务包含两层含义：综合能源供应＋综合能源服务。综合能源服务是一种新型的为满足终端客户多元化能源生产与消费的能源服务方式，涵盖能源规划设计、工程投资建设、多能源运营服务以及投融资服务等方面。对于供电企业来说，就是由单一售电模式转为电、气、冷、热等的多元化能源供应和多样化增值服务模式。

综合能源服务本质上是由新技术革命、绿色发展、新能源崛起引发的能源产业结构重塑，从而推动的新兴业态、商业模式、服务方式的不断创新。综合能源服务具有综合、互联、共享、高效、友好的特点。综合就是集成化，包括能源供给品种的综合化、服务方式的综合化、定制解决方案的综合化等。互联是指同类能源互联、不同能源互联以及信息互联，以跨界、混搭的组合方式呈现。共享是指通过能源输送网络、信息物理系统、综合能源管理平台以及信息和增值服务，实现能源流、信息流、价值流的交换与互动。高效是指通过系统优化配置实现能源高效利用，从传统工程模式转化为向用户直接提供服务的模式。友好是指不同供能方式之间、能源供应与用户之间友好互动，可以将公共热冷、电力、燃气甚至水务整合在一起。综合能源服务对提升能源利用效率和实现可再生能源规模化开发具有重要支撑作用，因此，世界各国根据自身需求制定了适合自身发展的综合能源发展战略。

第三节　开展综合能源服务的意义

基于国家能源方针和政策，结合具体国外典型综合能源服务市场的发展以及从我国综合能源服务的市场发展现状、市场竞争动态、客户需求、商业模式以及发展前景等角度，全面阐述综合能源服务知识体系架构，可为企业开展综合能源服务提供借鉴。

在能源生产和消费革命的大背景下，综合能源服务(见表3—1)可实现节能降耗，提升能源的综合利用效率，有助于实现社会能源可持续发展，应用前景广阔，对政府、电网企业和用户实施意义重大。通过综合能源服务市场分析，深入研究综合能源服务关键环节、关键技术的盈利点，设计最优服务模式，为供电公司充分挖掘综合能源服务市场潜力，拓展业务范围，形成持续利润增长点，提升市场竞争力提供重要的参考信息。

随着新一轮电力体制改革的深入，电力企业积极把握能源革命和行业发展带来的机会和挑战，并纷纷向综合能源服务企业转型。电网企业向综合能源服务提供商转型是落实党的十九大精神、落实能源革命要求、顺应行业发展的必然趋势，是电网企业推动全面能源服务转型的必然选择。通过综合能源服务市场的分析，有助于电网企业从单一销售模式向多种能源供应模式和多元化增值服务模式的转变。

表3—1　　实践综合能源服务的现实意义

对象	稳定性	经济性	环境
政府	加强能源安全，通过提高本地资源的利用，减少对进口燃料的依赖	降低一次能源消耗，减少能源进口，延缓天然气和电力输送管网建设	减少二氧化碳、氮氧化物和粉尘排放；降低热损失，最小化城市热岛效应
电网	通过能源共享和储能，减少区域电网压力；减少高峰期用电需求，加强供电可靠性	就近供电，从而减少传输损失	允许多种可再生电能并入区域电网，降低发电碳密度
用户	在特殊情况下(极端天气)，能够在更可靠的能源支持下供电和供热/供冷	减少长期供热和供冷费用	通过分布式可再生能源并网消纳实现碳减排

综合能源服务是一种满足终端用户多元化能源生产和消费的新型能源服务。随着人民生活水平的提高，用户对用能的需求也在不断提高。通过综合能源服务市场分析，剖析用户对电力产品和服务的多元化、差异化、个性化要求，有助于为供电公司掌握客户需求、深化客户关系管理、实现精准营销以及多元化、个性化产品的设计提供支持，从而提升电力综合服务能力，为社会创造价值。

综合能源服务是适应现代能源供应、需求和消费方式多样化而产生的能源服务创新模式。它不仅销售能源产品，而且销售能源服务。它涉及能源前期规划、设计、工程投资、运营服务和投融资服务。通过对综合能源服务市场前景的分析以及市场趋势的预测，有助于电网企业把握市场动向，积极创新业务模式，找准新业务的市场定位；有利于推动核心技术的转化应用，延伸电网产业链。

综合能源市场的催生是绿色低碳环保的必然要求。综合、共享、高效、互联和友好的综合能源服务能推动能源革命，实现绿色发展和循环发展。综合能源服务推进各领域规模化，实施电能替代，努力转变能源发展方式，有助于社会能源结构调整与低碳发展。开展综合能源服务有利于提高社会供能系统的安全性和自愈能力，有利于增强人类社会抵御自然灾害的能力，对保证国家安全也有重大意义，还有利于提高社会供能系统基础设施的利用率，有利于提高社会资金利用率以及节约型社会的构建。

第四节　综合能源服务的市场价值

随着互联网信息技术、可再生能源技术的发展，电力改革进程的加快，开展综合能源服务已成为提升能源效率、降低用能成本、促进竞争与合作的重要发展方向。

2018 年前三季度国家电网有限公司综合能源服务业务完成收入 27 亿元，同比增长 92%。面对综合能源服务这一新兴市场，公司各单位以省综合能源服务企业为实施主体，发挥电网企业品牌、技术、客户资源等优势，构建以电为中心、智慧应用的新型能源消费市场，为客户提供多元化的综合能源服务，推动公司由电能供应商向综合能源服务商转变。2018 年 11 月 13 日，中新天津生态城（惠风溪）小镇、北辰产城融合示范区（大张庄）智慧能源小镇创新示范工程正式进入可研立项阶段。两座智慧能源小镇创新示范工程建成后，将实现示范区清洁能源占比 100%，供电可靠性大于 99.999%，电能占终端能源比重 45%，综合能源利用效率 80%。

综合能源服务可以提供综合能源销售基础业务及其增值业务，为客户提供用能服务，营销观念是营销策略开展的内在驱动力。梳理客户用能共性需求，根据供能系统供能特点，设计综合能源套餐、单项能源套餐、应急能源套餐、电动汽车充电服务等基础综合能源套餐，为客户提供广泛、全面的能源套餐，积极与客户签订长期能源供应合同，满足客户不同的基础用能需求，提供便捷的全方位供电、供热、供水、公共交通等综合能源服务，粘连客户。

(1)用能策略优化、需求侧响应等用能增值服务。建设客户用能监控分析平台，分析客户用能特点及系统供能特点，改造客户用能设备，建设余热回收利用设备，调控、运维空调、电动汽车、蓄热电锅炉等柔性负荷参与容量市场、辅助服务市场、可中断负荷项目，优化客户用能，代理参与需求侧响应，创造能源增值收益。

(2)融资租赁等金融服务。针对客户用能设备改造、余热回收设备建设、蓄热电锅炉购置等客户用能优化项目，提供融资租赁等金融服务，减少综合能源服务公司及客户的改造投资成本。

(3)集中式能源与分布式能源的协调共存，是新能源技术发展和新能源消费需求共同驱动的必然结果。传统能源企业因为分布式能源比例的提升而受到冲击，比例可观的客户价值逐渐从“集中能源解决方案”向“分布式方案”迁移。

(4)终端能源市场结构从产品导向演化为服务导向，新能源企业的增长能力和市场份额都将超过传统能源企业，而能源服务企业和跨界企业也将凭借能源互联网、综合能源服务领域带来的新增长点迅速崛起。

(5)综合能源服务作为新时代推进“四个能源革命”，实现能源互联网的重要途径之一，结合新电改背景，已成为能源行业新风口，在业务开展、行业监管等多方面需要涉能源行业多方探索、推进。

第四章。。。。。。。。。

国内外综合能源服务市场发展概况

随着互联网、大数据、云计算等技术的出现，融合清洁能源与可再生能源的区域微网技术的新型综合能源服务模式开始诞生。作为一种新型的、为满足终端客户多元化能源生产与消费的能源服务方式，开展综合能源服务已成为能源企业实现传统产业模式战略转型，提升能源效率、降低用能成本、促进竞争与合作的重要方向之一。并且，综合能源服务对提升能源利用效率和实现可再生能源规模化开发具有重要支撑作用。因此，世界各国根据自身需求制定了适合自身发展的综合能源发展战略。

第一节 综合能源服务市场

综合能源服务市场作为一种新兴的概念，尚未发展成为一定的模式。目前，按照其概念特征主要可以划分为两个部分：第一部分，综合能源市场具有广泛的覆盖面，包括多种能源类型，比如电能、天然气、可再生能源等；第二部分，综合服务市场主要体现在电力企业给予电力用户的体验效果，比如咨询方面、施工方面、投资方面等。如果对综合能源服务市场这一概念进行深度挖掘，对其本质进行总结，综合能源服务市场就是各种新技术催生的产物，这必然会导致新一轮的技术革命和能源变革，并且能够在此基础上，催生出与之相对应的新型能源商业模式。

综合能源服务市场未来的发展将朝着供应能源多元化、服务多元化、用能方式多元化及智能化趋势发展。传统能源产业（电力企业、电网企业、燃气企业、设备商、节能服务公司、系统集成商以及专业设计院等）都在策划综合能源服务转型，导致综合能源服务产业竞争激烈。

第二节　国外主要国家综合能源服务市场发展现状①②

近年来，发达国家的能源转型加速进行，在综合能源系统领域，已经取得了很多进展，并呈现出各有特点的顶层设计特征。

一、欧洲

欧洲是世界上最早并且付诸实施综合能源系统概念的区域，其投入大，发展也最为迅速。早在欧盟第五框架中，虽然没有明确地界定综合能源系统概念，但有关能源协同优化的研究被放在显著位置，如 DGTREN（Distributed Generation Transportand Energy）项目综合考虑可再生能源开发与交通运输清洁化的协调配合；ENERGIE 项目寻求多种能源（传统能源和可再生能源）协同优化和互补，以实现未来替代或减少核能使用；Microgrid 项目研究用户侧综合能源系统，目的是实现可再生能源在用户侧的友好开发。在后续第六和第七框架中，能源协同优化和综合能源系统的相关研究被进一步深化，Microgrids and More Microgrids、Trans-European Networks、Intelligent Energy 等一大批具有国际影响的重要项目相继实施。

欧盟于 2014 年通过了 2030 年“40—27—27 目标”，即到 2030 年，实现温室气体排放与 1990 年水平相比至少减少 40%，27%的能源消耗来自可再生能源，

---

① 封红丽. 国内外综合能源服务发展现状及商业模式研究[J]. 电器工业，2017(06)：39—47.

② 贾宏杰，穆云飞，余晓丹. 对我国综合能源系统发展的思考[J]. 电力建设，2015，36(1)：16—25.

能源效率比预期提高27%。在这个目标下,欧盟各成员国面临着前所未有的挑战,正在积极寻求系统层面的解决方案,从而推动了综合能源系统快速发展。

欧洲各国除了在欧盟框架下统一开展综合能源系统相关技术研究外,还根据自身需求开展了大量更为深入的有关综合能源系统的研究,如英国HDPS(Highly Distributed Power Systems)项目关注大量可再生能源与电力网间的协同,HDEF(Highly Distributed Energy Future)项目关注智能电网框架下集中式能源系统和分布式能源系统的协同等;而德国自2011年开始,在环境部和经济与技术部等机构的统一领导下,每年追加3亿欧元,从能源全供应链和全产业链角度,实施对能源系统的优化协调,近期关注的重点则是可再生能源、能源效率提升、能源储存、多能源有机协调以提高能源供应安全等方面。

根据Brookfield Utilities UK集团的市场调研,欧洲已经涌现出上千家能源服务公司,悄悄撼动着传统能源公司的垄断地位,大力推动了综合能源系统的发展,引发和推动一场新的能源革命。对于欧洲很多国家而言,其能源系统间的耦合和互动急剧增强,英国和德国就是典型案例。

(一)英国

英国的企业注重能源系统间能量流的集成。英国作为一个岛国,和欧洲大陆的电力和燃气网络仅通过相对小容量的高压直流线路和燃气管道相连。英国长期以来一直致力于建立一个安全和可持续发展的能源系统,并表现出了明显的从上至下的特征。除了国家层面的集成的电力燃气系统,社区层面的分布式综合能源系统的研究和应用在英国也得到了巨大的支持。例如,英国的能源与气候变化部DECC和英国的创新代理机构InnovateUK(以前称为TSB)与企业合作资助了大量区域综合能源系统的研究和应用。2015年4月,创新英国在伯明翰成立"能源系统弹射器"(Energy Systems Catapult),每年投入3 000万英镑,用于支持英国的企业重点研究和开发综合能源系统。

(二)德国

与英国相比,德国的企业更侧重于能源系统和通信信息系统间的集成,其中E-Energy是一个标志性项目,该项目在2008年选择了6个试点地区,进行为期 4 年的 E-Energy 技术创新促进计划，总投资约 1.4 亿欧元，包括智能发电、智能电网、智能消费和智能储能 4 个方面。该项目旨在推动其他企业和地区积极参与建立以新型信息通信技术、通信设备和系统为基础的高效能源系统，以最先进的调控手段来应付日益增多的分布式电源与各种复杂的用户终端负荷。通过智能区域用能管理系统、智能家居、储能设备、售电网络平台等多种形式开展试点，E-Energy 最大负荷和用电量均减少了 10%～20%，更主要的是，可再生能源消纳能力有了明显提升。此外，在 E-Energy 项目实施以后，德国政府还推进了 IRENE、Peer Energy Cloud、ZESMIT 和 Future Energy Grid 等项目，进一步提高可再生能源消纳能力。

二、美国

美国非常注重与能源综合系统相关理论与技术的研发。美国对综合能源的探索起步较早，

美国能源部早在 2001 年即提出了综合能源系统（Integrated Energy System，IES）发展计划，目标是提高清洁能源供应与利用比重，进一步提高社会供能系统的可靠性和经济性，而重点是促进对分布式能源和冷热电联供的技术进步和推广应用。2007 年 12 月，美国颁布《能源独立和安全法》，明确要求社会主要供用能环节必须开展综合资源规划（Integrated Resource Planning，IRP），并在2007～2012 财年追加 6.5 亿美元专项经费支持 IRP 的研究和实施；2009 年，美国将智能电网列入国家战略，旨在以电网为基础，构建一个高效能、低投资、安全可靠、灵活应变的综合能源系统，以保证美国在未来引领世界能源领域的技术创新与革命。在需求侧管理技术上，包括加州、纽约州在内的许多地区在新一轮电力改革中，明确把需求侧管理、提高电力系统灵活性作为重要方向。特朗普上任以来，尽管采取了偏重传统化石能源的政策，但在未来综合能源系统、特别是传统能源与可再生能源融合发展方面，美国依然投入了大量的人力、物力开展研究。

在管理机制上，美国能源部作为各类能源资源最高主管部门，负责相关能

源政策的制定，而美国能源监管机构则主要负责政府能源政策的落实，抑制能源价格的无序波动。在此管理机制下，美国各类能源系统间实现了较好的协调配合，同时美国的综合能源供应商得到了较好发展，如美国太平洋煤气电力公司、爱迪生电力公司等均属于典型的综合能源供应商。

美国各能源供用系统间存在密切耦合关系，社会一直关注各能源系统间的相互影响和协调发展。以天然气系统与电力系统为例，自 2011 年后，美国能源消耗中的 25%以上来自天然气，且这一比例还在不断增加。随着天然气电厂占电能供应比例不断提高，天然气系统与电力系统之间的耦合关系日益紧密，相关研究也成为美国能源界关注的一个热点。

三、日本

日本是亚洲能源利用效率最高的国家，在世界上也位居前列。作为一个能源短缺的国家，日本一直注重能源领域的创新和探索，一方面是新能源的开发，另一方面则是节能模式的创新。除此之外，在东芝、松下等国际大公司技术和资金的支持下，日本的信息技术发展也一直走在世界前列。先进的技术为智慧能源在日本发展奠定了坚实基础，使得日本目前能源系统整体化探索方面走在欧美国家之前，尤其在城市整体化设计和新能源的对接等方面处于世界领先地位。

日本的能源严重依赖进口，因此日本成为最早开展综合能源系统研究的亚洲国家。2009 年 9 月，日本政府公布了其 2020 年、2030 年和 2050 年温室气体的减排目标，并认为构建覆盖全国的综合能源系统，实现能源结构优化和能效提升，同时促进可再生能源规模化开发，是实现这一目标的必由之路。在日本政府的大力推动下，日本主要的能源研究机构都开展了此类研究，并形成了不同的研究方案，如由日本新能源产业技术综合开发机构于 2010 年 4 月发起成立的 JSCA(Japan Smart Community Alliance)，主要致力于智能社区技术的研究与示范。智能社区是在社区综合能源系统(包括电力、燃气、热力、可再生等)基础上，实现与交通、供水、信息和医疗系统的一体化集成。Tokyo Gas 公司则提出更为超前的综合能源系统解决方案，在传统综合供能（电力、燃气、热力）系统基础上，还将建设覆盖全社会的氢能供应网络，同时在能源网络的终端，不同的能源使用设备、能源转换和存储单元共同构成了终端综合能源系统。

为改善能源结构，减轻对石油的依赖，提高日本能源供应安全性，日本对能源的协调管理与优化开展了长期研究，形成了独具特色的能源发展之路。与美国设立能源部对能源开展协调管理不同，日本在经济产业省下设立资源和能源厅来对煤炭、石油、燃气、新能源等行业进行一元化的管理，在能源发展战略上，特别强调不同能源之间的综合与协调。资源和能源厅的主要职责包括：编制能源基本规划草案及各类能源发展计划；统一管理电力、天然气、石油等各能源产业的市场运作；制定新能源的发展战略与目标，促进新能源的推广使用等。虽然日本能源管理机构层次相对简单，但由于资源与能源厅的上级管理部门经济产业省掌控着制定经济与产业发展的方向，因此能够有效促进能源发展战略目标的贯彻与执行。因此，日本单位能源消耗所创造的国内生产总值一直居国际领先水平。

在宏观引导的同时，日本环境省、经济产业省、国土交通省等部门也颁布了一系列的激励制度，以切实有效推进区域综合能源的网络化利用。表 4－1 给出了日本区域综合能源网络化利用的一些相关激励制度。除国家层面外，各地方政府也出台了相应政策措施。作为日本的政治、经济和文化中心，东京以 2020 年奥运会为契机，提出了以“世界第一的城市——东京”为主旨的长期发展愿景，针对 2 个基本目标，制定了 8 大城市战略和 25 个政策方针，其中之一即为构建智能能源城市。为此，东京都政府推出了“智能能源区域形成推进事业”的补助制度，2015～2019 年预计投入 55 亿日元，补助热电融通网络及热电联产等项目的初期投资费用。

表 4－1　　日本综合能源网络化利用相关激励制度

机　构	制度名称	概　要
国土交通省	街区再开发事业	补助热源设备、管网、换热器等供热系统的初期投资，最高可为总额的 1/3
	住宅街区综合治理事业	补助供热系统初投资及系统设计费用，最高可为总额的 1/3

续表

机 构	制度名称	概 要
经济产业省	考虑区域特性的能源地产地消促进事业	补助区域能源面域利用可行性研究及战略规划方案制定相关费用;补助基于可再生能源的复合热利用系统示范;最高可为总额的3/4
环境省	面向低碳区域的面域对策推进事业	补助碳减排模拟、区域能源环境规划相关费用,最高可为总额的1/2

第三节 国外综合能源服务市场发展经验借鉴

发展清洁能源产业,推进能源生产和消费革命,构建清洁低碳、安全高效的能源体系,是党的十九大报告对未来能源发展方向的定位。推动能源生产和消费革命要求建立多元供应体系,不仅是指宏观层面的国内外能源资源供应体系,也包括满足终端消费多元化需求的、清洁低碳、节能高效和安全的供应体系。在新一轮工业革命的条件下,综合能源系统是满足多元供应体系的具体实现方式。当前,我国综合能源服务正处于起步阶段,因此,应从国外综合能源服务市场发展中总结经验,建设符合我国国情的综合能源服务市场。

一、构建综合能源系统

努力建成能源与信息高度融合的新型生态化综合能源系统,形成横向"电、热、冷、气、水"能源多品种之间的互联互通、协同供应,纵向"源—网—荷—储—控"能源多供应环节之间的协调发展、集成互补。其中,"源"是指煤炭、天然气、太阳能、地热能、风能、生物质能等各种一次能源以及电力等二次能源;"网"涵盖电网、气网、热网、冷网等能源传输网络;"荷"与"储"则代表了各种能源需求以及存储设施;"控"是指采用智能数据采集分析系统,实现多能耦合、综合调控。

欧、美、日等发达国家和地区均已把构建综合能源系统、提供能源一体化解决方案作为重要发展方向。欧洲注重能源系统间的耦合互动与集成应用。在欧盟第五、六、七框架下,各国开展能源协同优化、综合能源系统等研究工作。

美国侧重分布式能源和以智能电网为核心的综合能源网络的应用。美国提出的综合能源发展计划，目的在于促进分布式能源和热电联供技术的推广应用以及提高清洁能源使用比重。日本重点关注用户侧综合能源服务，优化能源结构和提升能效。日本政府认为构建覆盖全国的综合能源系统，实现能源结构化和能效提升，同时促进可再生能源规模化开发，是实现其温室气体的减排目标的必由之路。

二、搭建智慧能源管理平台

智慧能源管理平台可以全面实现互联网和能源的对接，打通产业链实现并入网，聚合智慧应用和基础信息数据，确保应用开发共享，最终实现节能。将智慧能源管理平台作为提供各类扩展业务的入口，吸引更多企业通过平台提供多样化服务，以客户服务为根本，满足客户深层次、多样化的综合用能服务需求，增强客户黏性。

国外能源电力企业围绕用户需求打造智慧能源管理平台，投资并购能源电力数据分析、专业平台建设领域的中小公司，整合用能监控、需求响应、电动汽车、储能等多领域专业平台，提升一体化服务能力。日本富士电机在北九州的智能社区系统平台，为政府提供能源消费和二氧化碳减排信息，为电力消费者提供用能服务，为独立发电厂、电力交易机构提供电力调度服务，为电网企业提供能源平衡管理，为第三方提供扩展服务入口。德国 Sonnen 能源服务公司为家庭客户实现电能买卖直接交易，没有“中间商”；为电网公司提供辅助服务，帮助电网公司解决设备效率不高、电力通道建设滞后等问题；任何第三方可以在该平台上开发 APP，扩大客户群体。

三、开展基于电能的集成供能服务

在新城镇、新产业园（商务）区、新建大型公共设施的区域，根据客户的用能需求，以智能电网为基础，提供多元化分布式能源服务，建设分布式光伏发电，分布式生物质发电、冷热电三联供，基于电能的冷热供应等系统，满足终端用户对电、热、冷、气等多种能源的需求，构建以电为中心的集成供能系统和多能互补的能源供应体系。

国外能源电力企业积极开展基于电能的集成供能服务，因地制宜地利用水源/空气源/地源热源满足商业楼宇、大型建筑等的冷热需求。东京电力、关西电力公司目前已经有超过 20 个集中供应的成功案例，相比分散式制冷供热，可节能 10%～20%，并节约人力成本和建筑空间。关西电力旗下的 Kenes 株式会社利用空气源热泵及水源热泵向大阪市本庄东地区的六座写字楼和一座超市共68 890平方米区域提供集中供暖制冷服务，是日本关西地区第一个 100%电力集中制冷剂供暖工程。

四、创新综合能源服务商业模式

为适应能源发展新形势，抓住新的商业机遇，抢占新一轮产业发展制高点，就要创新综合能源服务商业模式，培育市场新业态，集中优势资源，抢先布局优质市场，不断引导综合能源服务向纵深发展。

国外能源电力企业以风险投资、私募股权投资进行前瞻性布局，通过并购交易快速提升实力，抢占市场。2013 年以来，综合能源服务领域的风险投资、私募股权投资显著增多。其中，对能源管理、储能、电动汽车充电投资次数位于前列，分别占 25%、17%、16%。2014 年以来，综合能源服务领域的并购交易数量也不断上升。其中对能效服务、能源管理、分布式光伏投资次数居于前列，分别占 43%、22%、18%。

重资产项目创新采用“建设—出售—运营”(BSO)模式，通过资产出售，降低投资风险。BSO 模式是指能源电力企业等开发主体完成项目建设后，将项目公司的全部或部分股权出售给机构投资者，并与机构投资者签订长期运维合同。英国 GI Energy 公司为西伦敦 Old Oak Common 地区的轨交枢纽提供电冷热等能源一体化供应服务。该项目基于地源热泵、分布式热电联产机组、分布式光伏、小型光热构建了区域综合能源系统。因项目投资大，GI Energy 通过向第三方金融投资机构出售资产并提供持续运维服务，快速回笼资金并获取持续收益。

第四节　我国综合能源服务市场发展动因

近年来，电力行业呈现出诸多的大变革，这也就使客户侧能源技术变革成为发展趋势。借助于该趋势，我国的能源服务结构也相对应地出现了变化，“优化能源供应结构，改变能源消费方式”也就成为我国能源方面的改革目标。在“新电改”的背景下，电力企业向综合能源服务企业的转型已经是一种必然趋势。因此，对“新电改”背景下综合能源服务市场进行研究，以推进我国综合能源服务市场的可持续发展。

目前，我国已经进入了互联网信息时代，“互联网＋”能源的行业形态已经初步形成，但仍然存在着诸多的发展障碍，这就衍生出了综合能源服务市场。简单地说，综合能源服务市场是“互联网＋”能源的行业形态的深化和升级，改变传统意义层面的工程模式，为广大的电力用户产生“点对点”的直接服务。

近年来，我国综合能源服务市场进入快速发展阶段，主要有三个方面的因素：一是理念引领，二是创新驱动，三是政策支持。[①]

1. 理念引领

绿色低碳、“互联网＋”等发展理念向能源领域加速渗透，引领能源系统朝打破壁垒、综合集成、一体化解决方案方向发展。

(1)绿色低碳。推进能源绿色低碳转型已成为全球共识。《巴黎协定》提出将全球平均温升控制在2℃内，能源系统成为重点减排对象；欧盟《2050年能源路线图》提出2050年可再生能源要占到欧盟全部能源消费的55％以上；美国能源部《可再生能源电力未来研究》认为可再生能源可满足美国2050年80％的电力需求。

我国加快推进能源生产和消费革命。我国政府提出2020年、2030年非化

① 我国综合能源服务一体化发展模式的研究与应用[EB/OL]. http://www.sohu.com/a/280442922_100016667.

石能源占能源消费总量的比重分别达到15%和20%，承诺2030年左右使二氧化碳排放达峰值。

(2)"互联网+"。利用信息技术优化能源发展模式。利用先进的信息技术打破传统能源领域的信息壁垒，加强精益管理、提升服务质量、完善能源市场、激发主体互动，推动能源高质量发展。

运用互联网思维推动跨界融合。加强不同能源间的互补互济，推动物理信息系统深度融合，促进能源系统与其他基础设施间的集成优化，以共建共享、合作共赢等方式构建现代能源体系。

2. 创新驱动

分布式能源、节能提效、互联网等技术快速进步，能源定制、能源集成、能源跨界等模式不断创新，为提升能源系统整体效率提供了更多技术手段和模式选择。

(1)技术创新。分式能源技术方面有分布式光状、分散式风电、地源/水源/空气源热泵等创新；节能提效技术方面有多能互补、梯级利用、节能照明、节能变压器及导线、余热余压利用、变频器等创新；互联网技术有传感器技术、有线/无线信息传输技术、数据控制技术、云计算技术、人工智能技术等创新。

(2)模式创新。能源定制如电费套餐、合同能源管理、能源托管等；能源集成方面有多表合一、冷热电一体化供应等；在能源跨界上有能源+交通(电动汽车充电桩、港口岸电、廊桥岸电等)、能源+建筑(绿色建筑、建筑光伏一体化等)、能源+特色产业(光伏+农业/渔业/水务等)等。

3. 政策支持

能源体制改革打破行业壁垒、为终端客户提供综合用能服务，产业规划进一步明确发展方向，财税补贴提升项目经济效益，为综合能源服务发展提供有力支撑。

(1)体制改革。"管住中间、放开两头"的能源体制改革思路下，不同能源间的壁垒被逐步打破，能源系统终端融合，推动综合能效提升、能源服务升级。新一轮电力体制改革、输配电价改革、石油天然气体制改革等。

(2)产业规划。产业发展规划为综合能源服务相关产业指明发展方向与前景,促进投资与技术进步。可再生能源发展规划、储能发展规划、电动汽车发展规划等。

(3)财政补贴。财政补贴有效提升项目的经济性,吸引多方资本接入,加速产业发展,如《上海市天然气分布式供能系统和燃气空调发展专项扶持办法》《关于印发青岛市加快清洁能源供热发展若干政策的通知》等。

第五节　我国综合能源服务市场主体

新时代下的综合能源服务具有传统能源生产消费的技术和运营属性,融合了新的商业模式和业态,将更具有战略和商业属性。综合能源服务市场的主要市场主体,大致可归纳为综合能源服务商、综合能源用户以及政府相关监管机构等。

一、综合能源服务商

综合能源服务商是综合能源服务解决方案的核心和纽带,在整个能源服务的过程中至关重要。

(一)综合能源服务商内涵定义

从综合能源企业和业务特征的角度,提出"5+1"个综合能源服务商的内涵定义。其中,"5"是指能源综合、管道综合、产业环节综合、信息(系统)综合和服务综合;"1"是指资源能力综合。①

(1)能源综合。从能源形态角度,提供电、油、气、热、冷、水等多种能源,以及能源形态之间的转换;从能源类别角度,利用化石能源、太阳能、水能、地热能、生物质能、核能等多种能源。

(2)管道综合。一方面是指石油管道、天然气管道、供水管道、供热管道、供

① "5+1"个综合说清楚综合能源服[EB/OL]. https://mp.weixin.qq.com/s/AXhVqhc_uxFm-ix3KbWeMg.

电网络等多种管道网络的综合管理和转换；另一方面是指集中式、分布式、微型网络等多种形态网络的统一管理。

(3)产业环节综合。涵盖能源生产、能源存储、能源输送、能源使用等能源领域各产业环节的规划设计、工程投资建设、能源运营服务，以及投融资等产业环节。

(4)信息(系统)综合。利用物联网、大数据、云计算、移动通信、AR/VR等信息技术，将物理世界分散的能源系统在信息世界进行重构，对能源系统进行信息化、智能化、自动化的管理和运营。

(5)服务综合。从传统的能源生产、输送与销售，延伸到能源使用管理、能源使用方案设计、能源存储、能源管理、能源循环利用的能源生命周期为主线的全方位一体化综合服务。

(6)能力资源综合。包括资源、资金、技术、数据等方面的能力。

(二)基于“5＋1”个综合的能源服务商类型

利用上述综合能源服务商的定义框架，可以从业务特征和资源能力层面对能源服务企业进行如下分类：

(1)第一类，符合全部“5＋1”个综合特征的能源服务企业，即严格意义上的综合能源服务商，典型代表为德国意昂。

意昂原来是以传统能源的生产、输送、销售为一体的能源供应商。为了适应欧洲可再生能源发展的需要，意昂自2010年开始进行战略转型，逐步剥离传统能源业务，通过对原有电网和天然气网的整合与信息化改造，构建起集中式与分布式结合的综合能源网络，并大力发展能源解决方案业务，逐步形成“可再生能源＋能源互联网＋能源解决方案”的业务体系。2017年，意昂位居标普全球能源企业250强的第二位。

(2)第二类，符合“1”的特征，并符合“5”中2～3个特征的能源服务企业，即准综合能源服务商，典型代表如国家电网、南方电网等。

国家电网以投资建设运营电网为核心业务，承担着保障安全、经济、清洁、可持续电力供应的基本使命，随着国网节能服务有限公司的成立，国家电网加快了布局综合能源服务的步伐。前国家电网就新能源汽车发展已经累计投资280亿元，建成充换电站5 000多座、充电桩5.6万个。近期，国家电网更提出建设世界一流能源互联网企业的发展目标。

(3)第三类，符合“1”的特征，并符合“5”个综合中，除“信息综合”以外的某一个特征，占据能源产业服务个别环节的企业，即专业型能源服务商，这类型企业包括电力企业、燃气企业、设备商、节能服务公司、系统集成商等，代表企业为远景能源等。

远景能源是国内三大风机供应商之一，也是国内最大的海上风机供应企业。远景能源从2011年开始进入能源管理领域，并通过能源互联网系统的研发，进入能源资产管理领域，并向智能楼宇、智能出行和能源创投领域延伸。

(4)第四类，支撑型企业，主要是指跨行业进入能源领域的技术企业，符合“信息(系统)综合”的特征，以信息技术为客户及能源企业提供能源管理和能源信息化服务等，代表企业如阿里云等。

2016年，阿里巴巴集团董事局主席马云首次提出“五新”战略，即新零售、新制造、新金融、新技术和新资源。2017年，阿里云正式进入新能源领域，基于自身在大数据、云计算方面的技术积累，阿里云正积极开展新能源云方案、综合能源服务云方案、新能源资源开发等领域。

二、综合能源服务用户

综合能源用户主要是指政府、企业、公共事业部门、科研院所等，包括能源开发和生产、能源输送及供应与销售、能源使用单位等(如电网公司、工业和商业企业等)。①

三、政府相关监管机构

政府相关监管机构的职责主要是制定综合能源服务市场的法规，拟定监管

① 综合能源服务知识体系研究[EB/OL]. https://mp.weixin.qq.com/s/OvUnFYC0iQAlLz_QpD1ExA.

条例，监管市场参与者的行为并对重大违规案件进行查处，可采取警告、罚款的处罚，情节严重的可取消其参与综合能源服务市场的资格。

政府相关监管机构的监管目的是为了确保综合能源服务市场的法律、法规、规章和政策得到贯彻执行，维护综合能源服务市场的公平原则，保护参与者的合法权益。

第六节　我国综合能源服务市场结构

以综合能源服务商、综合能源服务用户和综合能源市场监管机构等为核心的综合能源服务市场结构框架如图4—1所示。

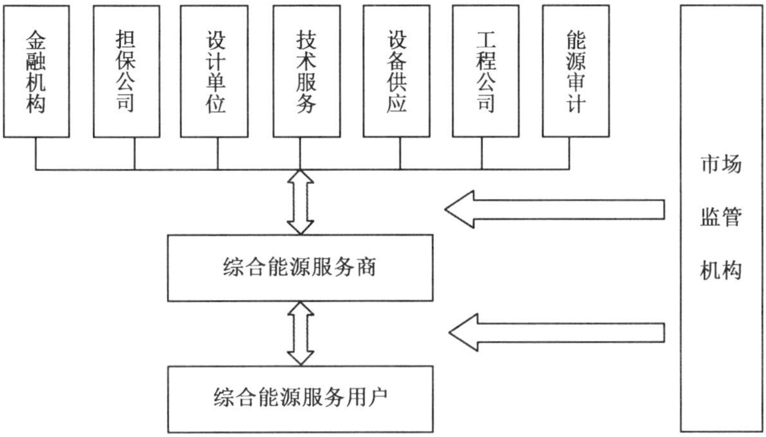

图4—1　综合能源服务市场结构框架

综合能源服务商作为综合能源服务市场的参与者，参与能源服务市场的交易，目的是给用户提供各种综合能源服务。

构建综合能源服务市场，需建立多方参与、平等开放、充分竞争的市场交易体系。具体包括培育综合能源服务商、用户等市场主体；基于互联网构建综合能源服务交易电子商务平台，鼓励交易平台间的竞争，实现随时随地、灵活对等的能源共享与交易；建立基于互联网的微平衡市场交易体系，鼓励个人、家庭、分布式能源等微小用户灵活自主地参与综合能源服务市场。

第七节　我国综合能源服务市场的基本特征

综合能源服务市场将进行集电力、热力、燃气、分布式能源等专项规划于一体的总体筹划和部署。因地制宜地构建综合能源系统，实现能源的高效利用、智能调配与优化，促进区域绿色、低碳、生态、智慧等高标准目标的达成。

一、绿色清洁

在资源开发与项目建设运营的过程中，高度重视环境保护，严格控制污染物排放，积极推进可再生能源的开发利用，形成低碳绿色、可持续发展的电力合作模式。

节能环保，致力于能源的综合开发利用；因地制宜，统筹规划，最大限度地接纳风、光、地热等各种类型清洁能源，提高清洁能源占比；[①]以电代煤，以电代油等电能替代业务。

二、经济高效

集规划、设计、咨询、施工、投资、运营等服务模式于一体，涵盖电网节能、建筑节能、交通节能、工业节能等领域，提供整体解决方案。通过合理的规划设计，利用能量的优化配比、优化调度等技术，实现冷、热、电多种能源的综合高效利用与经济运行。

三、多样服务

面向不同用户提供多样化、优质能源服务，增强用户黏性，拓展用户市场。如：生物质资源的开发利用；风、光、地热等清洁能源项目的开发。提供综合能

---

① 构建能源生态圈，大力拓展综合能源服务市场[EB/OL]. https://mp.weixin.qq.com/s/e-5enRmLqwajnYLhS7GtYnA.

源服务领域规划、设计、投资、建设、运营等服务。涵盖园区、工业企业、商业综合体、医院、学校等冷热电的综合能源服务。

创新服务模式，延伸用能服务范围，积极抢占以电为中心、多能互补、智慧应用的新型能源消费市场，打造新的利润增长点，服务国网公司转型升级。挖掘园区、商业楼宇等重点客户在降低用能成本、提高能源综合利用效率等方面的服务需求，为客户提供能效改进服务。统筹运用分布式发电、冷热电三联供、储能等技术，大力推进电水气热终端一体化综合用能、市场化售电等综合能源服务。

四、多方共赢

结合国家能源资源禀赋和实际需求，充分发挥能源技术、人才和装备等方面的经验与优势，提高区域能源可及性进程，惠及民生，带动发展。建立切实可行的盈利模式，实现各参与方共同盈利。

第八节　我国综合能源服务市场发展环境分析

一、政策机遇

随着世界能源格局的深刻调整，在新能源技术、信息技术和全球碳减排压力的推动下，国家各部委及有关单位相继出台了一系列政策、办法如图 4－2 所示。国家对能源互联网的顶层设计，加快推进能源全领域、全环境的智慧化发展，重塑整个能源价值链。

党的十九大报告提出，要将“推进绿色发展”作为生态文明建设的首要任务，“推进能源生产和能源消费革命，构建清洁低碳、安全高效的能源体系”。为此，我国将重点实施“节约优先、立足国内、绿色低碳、创新驱动”的能源发展战略，优化能源产业布局，提升能源使用效率。全面推进综合能源服务产业，开展全社会范畴的能源生产和消费全链条系统优化，是对国家能源发展战略与能源革命的积极响应。为提高环境质量，促进可再生能源消纳，提高能源系统综合效率，国家密集出台了一系列相关支持政策。仅 2017 年综合能源服务中所有

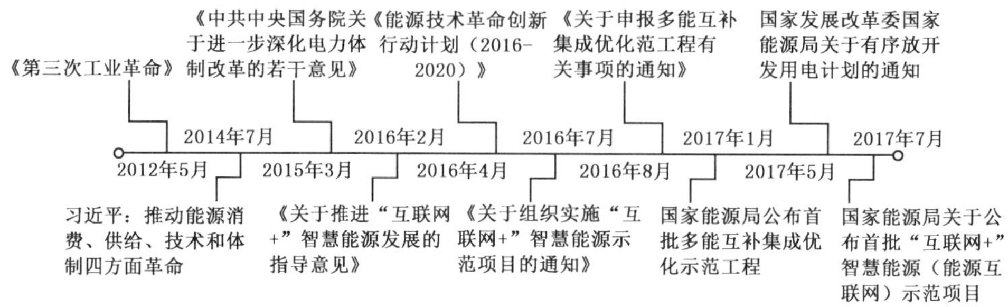

图 4—2　国家能源政策

涉及的相关要素基本都已出台了最新政策，做好了政策支持框架布局，包括 23 个多能互补示范项目、55 个能源互联网示范项目、28 个新能源微网示范项目、136 个生物质热电联产项目、超 195 个增量配电网试点项目、燃煤耦合生物质发电试点，以及微电网、并网型微电网、电力需求侧管理、储能技术、分布式发电市场化交易等辅助政策，为综合能源服务新业态的发展奠定了良好的政策基础。近几年我国能源技术日新月异，智能电网、能源互联网、云计算、智慧能源等新技术概念层出不穷。技术创新使构建以综合能源为基础，实现智慧应用的新型能源消费市场成为可能。

2017 年 10 月 22 日，国家电网公司关于在各省公司开展综合能源服务业务的意见明确将综合能源服务作为主营业务。2018 年 1 月 18 日，国家电网公司一号文《国家电网公司关于坚持以客户为中心进一步提升优质服务水平的意见》，要全面满足客户多元化用能需求，构建综合能源服务等能源服务新业态。

二、经济发展

据国家统计局 2017 年《国民经济和社会发展统计公报》，初步核算，全年国内生产总值827 122亿元，比上年增长 6.9%，增速较 2016 年增加 0.2 个百分点。[①] 这是我国 GDP 总量首次登上 80 万亿元的门槛，也是自 2010 年以来我国

① 国家核准多个清洁能源重大项目推动稳增长调结构[EB/OL]. http://www.xinhuanet.com//fortune/2015－12/16/c_1117485013.htm.

经济增长首次加速。全年人均国内生产总值59 660元，比上年增长6.3%。全年国民总收入825 016亿元，比上年增长7.0%。其中，2017全年最终消费支出对国内生产总值增长的贡献率为58.8%，资本形成总额贡献率为32.1%，货物和服务净出口贡献率为9.1%。我国经济已由高速增长阶段转向高质量发展阶段。中央经济工作会议指出，2017年是实施“十三五”规划的重要一年，是供给侧结构性改革的深化之年。2017年经济运行稳中向好、好于预期，转型发展的态势逐渐稳固，在高质量发展上迈出了一大步。

从能源消费方面来看，我国的能源消费总量连续多年位居世界前列。2017年，我国能源消费总量增速回升，除原油外各品种实际消费均有增速回升。清洁能源消费占能源消费总量的比重从2008年的11.8%上升到2017年的20.8%，几乎翻番。

从能源投资方面来看，2017年，能源工业固定资产投资中，我国电力、热力、燃气及水生产和供应业投资29 794亿元，增长0.8%；电源（电源、电网基本建设投资为纳入行业统计的大型电力企业完成数）基本建设投资完成额2 700亿元。

从能源效率方面来看，全国2017年能效水平提升，万元GDP能耗下降3.7%，能效水平提升，即用较少的能源生产出了等量的国内生产总值。随着清洁能源消费量占比不断提升，意味着能耗降低的同时，用能也更为清洁化。“十二五”期间，我国的能源消费弹性系数也有较大程度下降，由2010年的0.69降至2015年的0.14。

三、社会环境

综合能源服务的出现，从根本上来说，既有技术创新的内在动力，更有社会需求的外部驱动。节能减排的社会共识及多元化的用户需求催生了庞大的能源服务市场，这是外因。资源和环境问题已成为全社会的共同关注，绿色低碳发展也成为能源转型方向，催生了绿电使用、节能改造、能效服务等一系列综合能源服务。同时，用户需求个性化、多样化发展需要以用户为中心提供多元化能源服务，综合能源服务市场潜力巨大。根据外部测算结果，到“十三五”末，国内综合能源服务产业产值有望超过8万亿元。

当前，我国正处于能源转型的关键时期，能源成本高企等问题十分严重，综合能源服务可有效提高能效、降低投资运营成本，有利于推进能源供给侧改革，带动和提升能源相关产业的国际竞争力。在我国，制造业占能源消费量的55%，能源成本是仅次于人工、原材料外的最大成本。传统能源供应系统相对独立，电力企业、热力公司、燃气公司等能源供应商各自为政，规划、建设和运营等缺乏统一协调和优化，采取综合能源服务的方式无疑能有效缩短能源链、降低用能和服务成本。尤其是在当前美国页岩气革命带来能源成本的大幅下降，积极的税改政策又大幅降低企业税负，促进大量制造业回流的背景下，推动综合能源服务业的发展，降低制造业等大型用能企业能源成本，提升企业国际竞争力具有重要的社会意义。

四、技术推动

能源互联网技术发展，使得能源之间互联、能源和信息融合进一步加强，为发展综合能源服务奠定了基础。热电联供技术、新能源发电技术、储能技术发展为电力企业延伸产业链，为多种能源产品的供应提供了可能；信息技术发展，包括物联网、云计算、大数据、人工智能等技术发展，不但有效支撑了能源高效互联以及用户侧的友好交互，而且集合了大量数据资产，并能够将数据资产转换为多样化增值服务。[①]

（一）“互联网+”快速发展且日益成熟

云计算、大数据、物联网、移动互联网技术相对来说已经比较成熟。物联网和移动互联网是通信的基础和保障，负责数据的上传。

能源大数据有大量、多样、高速、低价值密度和真实性五大特点，如图4－3所示，数据在云计算中心进行处理、归类、分析、大数据挖掘，形成各类有价值的应用，转而形成对企业、商住楼有价值的服务。

---

① 如何利用大数据实现综合能源服务的3.0时代[EB/OL]. https://www.sohu.com/a/216453899_100016667.

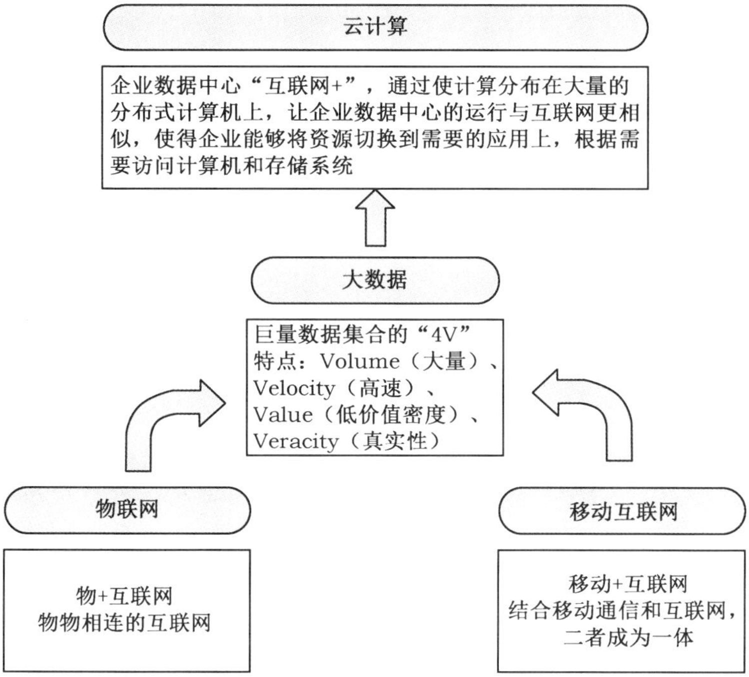

图 4—3　“互联网＋”关联图

（二）物联通信技术发展

低功耗、低费用的 LoRa 等广域网通信技术以及蓝牙、ZigBee 等近距离物联通信技术都在飞速发展，数据关系如图 4—4 所示。

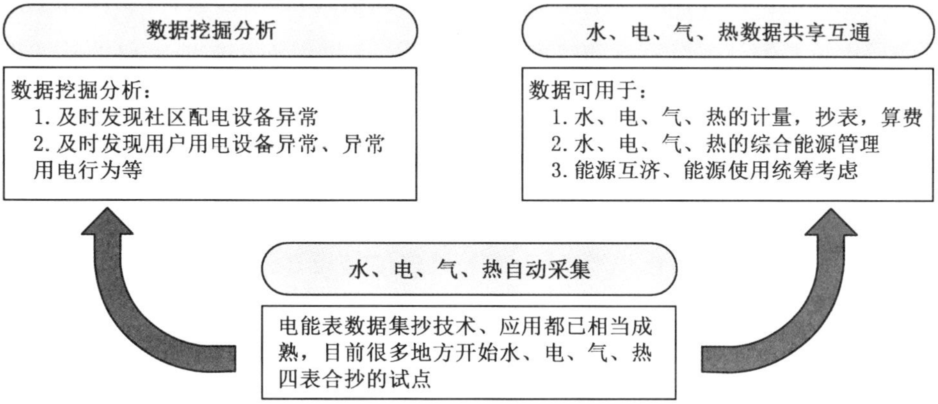

图 4—4　物联通信技术

具体概括为:(1)覆盖范围更大;(2)“联接”的“物”更多;(3)“联接”的颗粒度更细。

(三)垂直行业内容分享

综合能源服务能够打破水、电、气、热原来各自为政的垂直化壁垒,实现水、电、气、热等能源数据的共享。现在四表合抄的技术较为成熟,可在同一个平台实现能源的计量、抄表、算费,进而可以综合性地进行分析及管理。例如商住区域配电设备异常和用户用电设备异常、异常用电行为等,这些都是基于水、电、气、热能源数据共享所带来的价值。

第九节 我国综合能源服务市场发展现状分析

一、市场规模评估

目前,我国已通过973、863研究计划,启动了多项与综合能源技术相关的科技研发项目;我国政府与包括新加坡、德国政府在内的相关机构共同合作,建设了各类生态文明城市,积极推广综合能源利用技术,目的是构建清洁、安全、高效、可持续的综合能源供应系统和服务体系。据不完全统计,至今世界上至少有70余个国家先后开展了与综合能源系统技术相关的研究,目的是促进各国未来能源的可持续供应。毫无疑问,综合能源系统相关技术将成为国际上能源领域内重要的技术制高点和技术增长点,是21世纪能源工业重要的技术发展方向之一。因此,从我国自身实际需求出发,尽早探索和建立适用于我国的综合能源系统理论体系,对保证我国未来的能源安全、抢占能源领域技术制高点和扩大我国在国际能源领域的话语权,都具有重要的战略意义。

我国综合能源服务市场潜力巨大,如果仅仅考虑电力销售、天然气销售、节能服务、集中供热、分布式光伏5个业务领域,目前能源服务市场规模达4.58万亿~4.93万亿元。

根据《电力发展“十三五”规划(2016—2020年)》《天然气发展“十三五”规

划》和《住房城乡建设事业“十三五”规划纲要》预测：2020 年我国基础服务的市场需求为 3.06 万亿～3.66 万亿元，全社会用电量为 6.8 万亿～7.2 万亿千万时，天然气消费量为3 600亿立方米，城镇取暖面积为 190 亿平方米。

此外，“十三五”期间以微电网和配电网改造为主要业务领域的用户侧管网涉及深度服务投资需求预计将超过 1.01 万亿元。以分布式光伏、天然气冷热电三联供和储能为主要业务领域的分布能源服务投资需求预计为 0.23 万亿～0.31 万亿元。《“十三五”全民节能行动计划》提出了 2020 年我国节能服务产业产值预计达到6 000亿元的目标任务。可见未来综合能源服务通过整合不同能源服务业务，具有更多的利润增长点，易于形成规模效应，市场潜力巨大，到 2020 年我国综合能源市场规模预计将达到 8 万亿元。

二、综合能源服务商业务布局

按照综合能源服务的定义，其业务可分为“品类＋”“技术＋”“模式＋”“系统＋”四大类，既有简单组合式的“综合”，又有融合创新式的“综合”，即一体化发展模式。

（一）能源公司业务布局

配电售电改革给部分传统能源企业提供了转型机遇，为部分新能源企业提供了资源整合的机会，推动企业从单一能源供应向综合服务商转变，打造新的利润增长点，提高企业市场竞争力。能源公司主要包括两类，电网公司和大型国有能源企业，它们的优势在于：（1）掌握大量重资产；（2）资金充裕渠道多；（3）原有产业链优势明显；（4）通过管网掌握客户资料。基于这样的优势，能源公司在开展“电＋气”“电＋热/冷”“电＋气＋热/冷”“气＋热/冷”以及多能供应等业务时，能够提升客户用能的便捷程度，以组合销售不同品类能源来产生更多的衍生价值。[①]

（二）售电公司业务布局

售电公司可以提供消费端衍生型的综合能源服务。目前成立的售电公司

① 国家电网公司计划：在各省公司开展综合能源服务业务[EB/OL]. http://www.chinasmartgrid.com.cn/news/20171114/626059.shtml.

有上万家，公示的有3 000家左右。

目前，按照《关于推进售电侧改革的实施意见》的规定，可将售电公司类型分为五大类：发配售一体化、发售一体化、配售一体化、独立售电和其他售电。[①]

发配售一体化售电公司（Ⅰ类）：该类售电公司具有电源、配电网和客户资源，参与市场的竞争力强，目前主要由分布式电源或微网建立。

发售一体化售电公司（Ⅱ类）：是指由发电企业成立的售电公司，具有电源和客户资源，市场竞争力中等。

配售一体化售电公司（Ⅲ类）：是指由电网或高新技术园区与经济开发区成立的售电公司，具有配电网、客户和服务资源，市场竞争力强。

独立售电公司（Ⅳ类）：是指由社会资本投资的售电公司，但其市场竞争力最弱，客户占市场份额较少，一般需要通过增值服务获得更强的市场竞争力。

其他售电公司（Ⅴ类）：是指由供水、供热、供气等公共服务行业及节能服务公司所成立的售电公司。具有客户和服务资源，市场竞争力中等。不同售电公司的经营业务布局如表4—2所示。

表4—2　　售电公司经营业务布局

业　务	经营策略	售电公司经营侧重点
基本电力销售服务	通过购售电赚取差价	均适用
分布式＋微网	购售电赚差价及节省的过网费成本	Ⅰ类、Ⅱ类
电力物业	服务及设备收入：设计、安装、配电网更新改造、资产运维、监测	Ⅲ类
能效服务	通过管理能源合同获得收益分成	均适用
需求响应	用户节省电费分成及政府补贴	均适用
信息增值服务	大数据服务得到的收入	Ⅳ类
综合能源服务	各类能源服务得到的收入	Ⅴ类

① 郭曼兰，陈皓勇，张聪，万楚林，石可，梁子鹏.偏差电量考核机制下售电公司的最优经营策略[J].电力系统自动化，2017，41(20)：17—25.

售电公司一方面需要不断创新和提高公司技术水平，另一方面则需要提供不同的合同能效管理、需求响应、综合节能和用能咨询等服务来适应多样化的用户需求，以提高用户黏性和市场竞争力。售电公司以服务用户为核心，以经济、优质、安全、环保为经营原则，实行自主经营、自担风险、自负盈亏、自我约束。鼓励售电公司提供合同能源管理、综合节能和用电咨询等增值服务。

(三)技术公司业务布局

技术公司主要将信息技术与能源相融合，包括传统能源技术公司以及以大数据、云计算、物联网、区块链技术、人工智能等新业态为主的技术公司，适合开拓一些新型增值服务。如国网综合能源服务电子商务平台，以打造智慧园区为目标，把园区的安全监控、环境保护、应急管理、能源供应以及融资服务、数据资讯等与移动互联网、云计算、大数据、物联网相结合，建设电子商务综合服务平台，培育能源与互联网融合发展新模式。阿里云综合能源服务云方案的业务模式是通过大数据云计算，制定综合能源服务的解决方案。远景能源公司通过智能控制技术、先进的通信和信息技术建设能源互联网，已经形成了格林威治云平台、智慧风场 WindOS 平台、阿波罗光伏云平台，成为智慧能源资产管理服务公司。这类公司可以提供技术、装备渗透型的综合能源服务。在分布式能源、区域能源互联网技术、节能改造技术、电能替代等方面具有优势的技术型企业，具有先进能源设备生产运营经验和雄厚技术基础的制造型企业，以及具有能效管理、合同能源管理领先水平的服务型企业，依托专业人才、关键技术、先进的能源管理理念、优秀的设计方案，都可能发展成为综合能源服务提供商。

其中，阿里能源云旨在为新能源行业提供丰富的专业化云端业务与技术解决方案，从而帮助能源运营商、服务商快速搭建标准化或定制化商业平台，实现业务应用的灵活开发与落地，构建能源互联新生态。

目前，阿里云综合能源服务云方案已经运营上线，以“厚平台、微应用”方式，快速构建节电节能、电力需求侧、电务、微网一体化、能源交易等生态化应用。阿里云业务包括：(1)迅速构建数字化的光伏电站；(2)新能源电场规划/投资收益预测；(3)快速构建电动车分时租赁系统；(4)按规模经济建成电动车联网;(5)利用大数据做精准能效管理;(6)构建轻量级运营数据大屏。

(四)服务公司业务布局

服务公司主要根据用户需求提供各种增值服务,如提供蓄热受托、能效管理、用能诊断、设备维护、整体供电方案等多元化服务,以及搭建多种生活产品交易平台,实现电力、自来水、燃气、热力的批发和零售,提供从电力、天然气到可再生能源供应等一系列的综合解决方案。

节能服务、分布式能源服务企业发展较缓,需求侧响应也还未构成独立的商业模式。这类企业存在规模小、融资成本高的问题。综合能源服务概念的出现将极大可能盘活节能服务、分布式能源服务和需求响应服务市场,推动其向综合化服务方向发展。

三、市场投资规模预测

从投资的角度看,综合能源服务所涉及的要素中仅可再生能源、配电网改造、天然气分布式三个领域"十三五"期间的新增投资规模,就预计有4.26万亿～4.275万亿元,具体如图4—5所示。

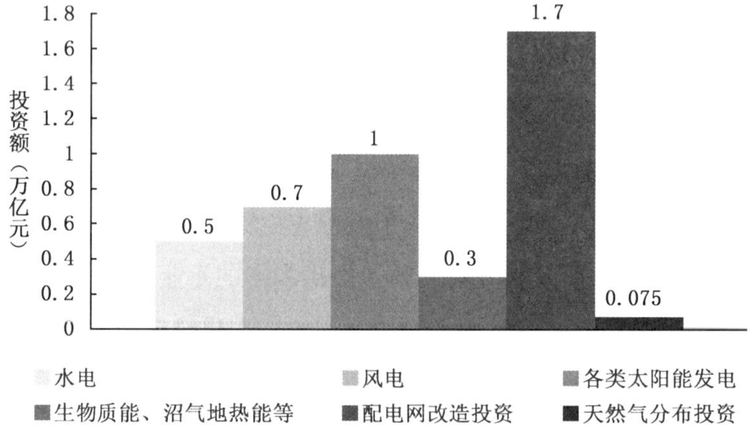

图4—5　"十三五"新增能源投资规模预测

（一）可再生能源投资规模

从可再生能源投资力度来看，光伏发电成为各类可再生能源中的投资重点。《可再生能源发展“十三五”规划》显示，到2020年，我国水电将新增投资约5 000亿元；我国新增风电投资约7 000亿元；我国新增各类太阳能发电投资约1万亿元。再加上生物质发电投资、太阳能热水器、沼气、地热能利用等，“十三五”期间可再生能源新增投资约2.5万亿元。

（二）配电网市场投资规模

2015年发布的《配网改造行动计划2015～2020》和《关于加快配电网建设改造的指导意见》中曾提出，“十三五”期间配电网建设改造累计投资不低于1.7万亿元。与欧美国家相比，欧美国家配电投资额基本上是输电投资额的1.5倍，而我国配电网的投资额明显落后于输电网投资额，反映出我国配电网投资尚有很大的发展空间。随着综合能源服务新业态的推动，预计未来10年我国配网投资将加速，“十三五”期间极有可能实现2万亿元配网投资。

（三）天然气分布式投资规模

中国城市燃气协会分布式能源专委会在北京发布的《天然气分布式能源产业发展报告2016》显示，截至2015年年底，我国天然气分布式能源项目（单机规模小于或等于50兆瓦，总装机容量200兆瓦以下）共计288个，总装机超过1 112万千瓦。根据《能源发展“十三五”规划》，“十三五”期间，全国气电新增投产5 000万千瓦，2020年将达到1.1亿千瓦以上，其中天然气热电冷多联供1 500万千瓦。若按照天然气分布式能源项目投资单价为4 000～5 000元/千瓦，到2020年天然气分布式能源项目总投资规模将达600亿～750亿元。

第五章。。。。。。。。。

综合能源服务市场竞争动态分析

综合能源服务方兴未艾，尤其是在新一轮电力体制改革之后快速发展。新电改允许售电侧市场放开后，电网公司、发电企业纷纷转型综合能源服务领域，一些水、气等其他能源企业、售电公司、技术公司等也迅速通过开展综合能源服务积累客户。开展综合能源服务，也是推动企业降本增效、降低GDP能耗的有效途径。随着传统能源行业边界逐渐消退，市场主体变得更为多元化、市场竞争也更为激烈，同时催生出多样化的综合能源供应方式和服务模式。①

第一节　综合能源服务相关产业发展动态

作为区域能源互联网下实质性开展的业务内容，综合能源服务在政府和社会资本合作(PPP)及新电改背景下，出现了新的产业发展契机。综合能源服务的核心是分布式能源以及围绕它进行的区域能源供应，是一种可以同时将公共热冷、电力、燃气甚至水务整合在一起的综合能源服务形式。综合能源服务相关产业发展契机的核心在于区域的用能需求，主要体现在以下两个方面：

---

① 国网转型综合能源服务的形势分析[EB/OL]. http://shoudian.bjx.com.cn/news/20180130/877526.shtml.

(1)热电负荷的刚性需求,即用户本身的用能需求。对于企业尤其是生产型企业,电的来源存在多样性,包括火电、燃气分布式发电、风电、光伏发电等,但是热的来源具有局限性。由于环保问题,很多地区都在禁煤,故对于热负荷的供应,清洁能源替代的趋势明显。

(2)潜在的需求,即用户希望能够降低能源成本。在环境约束、环境友好和能源安全约束的条件下,区域能源供应,特别是冷热负荷同时满足的模式,为区域能源互联网带来了良好的契机。

综合能源服务产业的发展存在外部约束:首先是经济转型,过程较为艰难;其次是要素的存量盘活需优化配置;最后是制度方面,电改、油气改革及PPP模式,为综合能源服务及相关产业提供了政策支撑。

在能源互联网产业契机下,能源互联网机制需考虑以下两个层面:一是技术层面,主要考虑能源的互联(接入条件)和互通(转换);二是政策层面,主要考虑能源的互动(交易平台)和互信(约束机制及契约)。以上条件相对成熟后,综合能源服务产业大发展的契机才会真正到来。①

一、综合能源服务相关产业发展现状

产业是经济社会中生产、制造、服务某种类别产品的物质生产部门涉及的资源要素,人员活动及状况结果的统称。综合能源服务相关产业,是指在综合能源服务的系统建设和产品服务中所涉及的材料技术研发、设备制造、系统集成、专门物流销售、项目规划设计、项目建设维护、能量配用、能效服务中介服务等组成的专门化、系统化、关系密切的生产部门。综合能源服务相关产业中既有物质生产部门,也有非物质生产部门。②③

我国综合能源服务相关产业的发展,是我国能源结构转型和经济结构优化的重要组成和有力推动者。在综合能源服务的相关产业中,其关键和重点产业

---

① 杨锦成. 区域能源互联网构架下的综合能源服务[N]. 中国能源报,2016－07－18(005).

② 能源互联网发展现状及趋势跟踪[EB/OL]. http://www.docin.com/p－2106919511.html.

③ 曹军威,孙嘉平. 能源互联网与能源系统[M].北京:中国电力出版社,2016.1.

的发展现状如下：

（一）可再生能源发电产业

由于分布式能源生产装置是能源互联网架构的一个主要组成部分，因此，综合能源服务的发展必将极大地促进新能源发电产业的逐步壮大。分布式可再生能源发电主要包括风力发电、水力发电、太阳能发电、生物质发电、潮汐发电等多种方式。

在可再生能源发电领域中，我国水力发电最为成熟。截止到 2018 年 9 月底，我国水电装机容量为 3.48 亿 kW，并网风电装机容量为 1.26 亿 kW，太阳能装机容量为 16.5 亿 kW。其他可再生能源发电，如生物质发电、地热能发电的发展也在不断提速。虽然我国新能源科技水平有了显著提高，但核心技术仍落后于世界先进水平。与发达国家相比，在能源安全、高效与清洁并发等技术领域存在较大差距。例如，风力发电技术的自主创新能力不强，控制系统、叶片设计及轴承等关键部件仍依赖进口，太阳能发电技术与国际先进水平相比仍具有一定差距。

（二）智能电网产业

智能电网领域投资构成包括配电网自动化、用户侧系统、智能变电站以及智能调度等。2009 年 10 月 27 日，美国总统奥巴马宣布政府将拨款 34 亿美元建立智能电网投资基金，以此带动美国智能电网建设。同时，美国政府的投资还将刺激美国民间配套投资 47 亿美元，使得总投资额达到 81 亿美元。这是美国有史以来为能源网络现代化改造进行的最大的一次性投资。

预计到 2020 年，我国电网投资额将达 4 万亿元。其中，智能化应用将达 7 600亿元，无论是投资规模还是应用广度和深度都将远超美国。在智能电网的投资构成上，如果不考虑大规模储能装置，配电网自动化和用户侧系统将占 40%，智能变电站将占 20%，智能调度将占 15%，输电系统（含清洁能源接入侧设备）将占 10%，其他投资将占 15%。随着计算机、电力电子、数字控制器及高级传感测量等技术的不断进步，配电自动化设备的互动、自愈、兼容、优化等特征将更加突出，智能用电管理终端、配电自动化装置、遥控遥测装置、故障诊断装置、一体化测控保护终端等配电自动化智能化设备的市场前景将更加广阔。

（三）储能产业

储能是智能电网、可再生能源高占比能源系统、“互联网＋”智慧能源的重要组成部分和关键支撑技术。作为综合能源系统的重要支撑，储能可以起到削峰填谷的作用，提高风、光等可再生能源的消纳水平，支撑分布式电源及微网，促进能源生产消费开放共享和灵活交易、实现多能协同。近几十年来，储能技术的研究和发展一直受到各国能源、交通、电力、通信等部门的重视。储能产业具有以下趋势：

从市场规模来看，全球储能市场发展潜力巨大。面对巨大的市场空间，我国储能产业将迎来新的机遇。

从技术来看，电池系统的性能和成本决定了储能的规模化推广和应用，是影响行业快速发展的“瓶颈”问题。未来 10 年，储能电池的技术发展路线将逐渐清晰。

从政策来看，通过各项配套政策建立开放、规范、完善的电力市场，为储能真正发挥优势提供平台。

从商业模式来看，储能厂商、用户单位和投融资机构联手拓展储能应用市场，探索储能的多种应用模式，大力推动储能的商业化应用。

从企业发展来看，一方面，传统电力企业积极布局储能新业务；另一方面，储能企业结合市场需求以更经济有效的形式开展经营业务。

随着可再生能源和智能电网的蓬勃发展，我国对大规模发展储能产业的需求也越来越大。同时，随着智能电网产业化的逐步推进，预计到 2020 年，电力储能产业的价值规模将占到电力产业总规模的 15％。伴随电力储能产业的大规模发展，相关的储能行业，尤其是新型储能和大规模储能方向，将会获得巨大的发展机会。预计到 2020 年，储能总装机规模最高将达 24.2 吉瓦，在后续储能补贴等政策出台的情况下市场规模将达1 000亿元。

（四）电力电子产业

实现可再生能源的有效利用要依靠电力电子技术。并网逆变器、光伏电池、风力发电机、燃料电池、储能元件等都需要通过电力电子变换器才能与能源局域网相连接。能量流的精细化管控也需要利用电力电子技术。例如，智能通用电力变压器是将电力电子变换技术和基于电磁感应原理的电能变换技术相结合，实现将一种电力特征的电能转变为另一种电力特征的电能的静止电气设备。

2014年1月15日，美国总统奥巴马在北卡罗来纳州立大学高调宣布，以该校为核心建立“下一代电力电子技术国家制造业创新研究所”。其作为创新中心之一，以下一代电力电子技术和设备制造为研发对象的国家级制造业创新中心正式进入人们的视线。奥巴马政府认为建立“电力电子技术创新中心”的目的是使美国占领这个正在出现的规模最大、发展最快的新兴市场。这个市场将涵盖从家用电器到工业设备制造、从电信技术到清洁能源技术等众多领域，并且为美国创造出一大批高收入就业岗位。

我国电力电子产业经过50多年的发展取得了长足进展，尤其是电力系统中的电力电子控制技术的应用与国外差距不大，能源互联网的发展对电力电子的控制要求更高，必将促进电力电子产业的进一步发展。目前我国电力电子市场增长率达到每年20%，电力电子产业是有着良好发展势头的国家战略性新兴产业。

（五）电力信息通信产业①

信息通信技术是实现电网智能化、互动化和大电网运行控制的重要基础，主要包括信息和通信两方面技术。

通信技术是侧重于信息传播的传送技术，主要包含传输接入、网络交换、移动通信、无线通信、光纤通信、卫星通信、支撑管理、专网通信等技术。综合能源服务的数据获取、保护和控制、需求侧响应都依赖于高速通信系统的支持，因此，高速通信系统是开展综合能源服务的第一步。依赖智能、安全的信息网络，可以实现能源数据的实时获取、快速准确的保护与控制等功能。电力通信产业已成为综合能源服务的重要一环，其在提高骨干通信传输网的承受能力，改善中低压通信网的接入特性，构建布局合理、安全传输的电力通信网络等方面具有重要的推动作用；其同时也推动着电网企业、设备制造业通信运营商等领域的融合与革新。

信息技术侧重于信息的编码或解码，是有关信息的收集、识别、提取、变换、存储、传递、处理、检索、检测、分析和利用等的技术。

① 刘振亚. 全球能源互联网[M]. 北京：中国电力出版社，2015.1.

(1)物联网技术。物联网技术是互联网向物理世界的延伸,是传感器技术、通信技术、信息服务技术融合发展的产物。物联网是一个基于标准和互操作通信协议的、具有组织能力的、动态的网络基础设施。在物联网中,物理和虚拟的物体都有身份标签、物理属性和智能接口,并且与现有信息网络无缝整合。物联网技术将形成现实物理环境的完全信息化,实现"网络泛在化",在综合能源服务的发展中将起到重要作用。

(2)泛在互联网。1969 年美国发明的互联网,又称因特网。随着个人计算机和智能手机的发展,互联网已经进入千家万户,成为社会生产生活的重要信息通信平台。泛在互联网是在传统互联网的基础上,进一步扩大覆盖范围,实现在任何时间、地点与任何人或物交换信息,根据不同需求提供多种信息服务,简单地说就是无所不在,物物之间信息相连相通的互联网。

(3)传感器技术。传感器是一种检测装置,能按一定规律将被测量件转换成为电信号或其他所需形式的信号输出,是信息采集的关键技术。传感器技术在 20 世纪 80 年代随着集成电路、计算机技术的迅速发展开始受到重视,近年来已经成为信息通信技术的支柱技术。传感器技术包括传感器的基础研究和传感器网络系统的研究。目前传感器基础研究重点在于开发新材料,采用微细加工技术、仿生技术等,提高传感器灵敏度、准确度和稳定性。传感器系统的研究重点在于通过短距离通信技术将传感器及其信息形成通信的末梢网络,是形成物联网的重要基础。

(4)图像识别技术。图像识别技术是计算机对图像进行处理、分析和理解,以识别各种不同模式的目标和对象的技术。识别过程包括图像预处理、图像分割、特征提取和判断匹配。简单来说,图像识别就是计算机像人一样读懂图片的内容。图像识别可使机器具有视觉,代替人们去完成设备监控、危险预警等行动。目前,图像识别技术可以通过卫星数据实时判断路况,为无人驾驶汽车提供智能导航。

(5)云计算与云存储技术。云计算技术就是基于互联网平台共享软件、计算、获取数据等。云存储技术是将网络中大量的存储设备集合起来,共同对外提供数据存储和业务访问功能。云计算和云存储技术的发展，将使服务器、存储及网络领域的设备运行方式经过融合形成新的硬件体系，为应用程序提供极致的可扩展性。云计算技术中虚拟化技术的发展和突破，不仅可以大大提升计算资源的利用效率，同时提供动态迁移、资源调度，使得云计算服务的负载可以得到高效管理、扩展，使得云计算的服务更具有弹性和灵活性。

(6)大数据技术。大数据技术是从超过传统数据库处理能力的海量数据中，提取重要的有价值信息的技术。由于数据规模庞大，对数据处理能力和传输速度的要求远高于一般的数据处理技术。随着互联网的迅猛发展，各种数据和信息量越来越大。而对于未来综合能源服务，资源、电网运行、用户等信息从原来的一个国家(地区)扩大到全球范围，数据信息量猛增，大数据技术的应用对于更好地管理和开展综合能源服务具有重要的现实意义。

(六)电动汽车产业①

受益于国家对新能源汽车行业大力支持以及汽车产业本身的快速发展，近年来各类造车新势力如雨后春笋般大量涌现，蔚来、威马、小鹏、奇点、车和家、云度等数十个新能源汽车品牌强势崛起。

据不完全统计，2017 年我国总计生产的新能源汽车数量已经逼近 80 万辆，是 2012 年的 63.3 倍。2011 年我国新能源汽车产量仅 0.8 万辆，占全国汽车产量比重不到 1‰；2017 年我国新能源汽车产量已达到 79.4 万辆，占全国汽车产量比重超过 2.7%。2017 年，我国新能源汽车销量约为 77.7 万辆，同比增长 53.3%，占我国汽车市场整体新车销量的 2.69%，增速明显。

我国已经连续两年霸占了全球新能源汽车销售榜的第一，成为全球最大的新能源汽车市场，目前国内新能源汽车中 80%为电动汽车。

配合国家节能减排和能源布局的背景，新能源电动汽车仍将在国家政策的扶持下快速发展，市场空间巨大。由于传统车企和新兴互联网企业的共同参与，技术创新替代商业模式创新将是当前新能源电动汽车发展的主旋律，未来新能源电

---

① 新能源汽车行业现状与融资租赁问题分析[EB/OL]. https://baijiahao.baidu.com/s? id=1616358949419704019&wfr=spider&for=pc.

动汽车行业的升级发展可能存在颠覆性的效果，更新换代周期将大幅缩减。

二、以用户为中心的综合能源服务产业链

综合能源系统产业链的核心企业包括主产业链上的新能源发电设备制造企业、储能产品生产企业、接入设备生产企业、电力软件系统研发企业。直接为产业价值链核心企业提供技术、产品、服务的上游企业主要包括电力设计单位、电力试验研究单位、电力系统开发企业、电力关键设备生产企业、计算及其外围设备供应商、通信设备及通信服务供应商等。电力软件系统开发企业也为电力设计单位、电力试验研究单位提供技术、产品或服务；电力关键设备生产企业也为电力试验研究单位提供技术、产品或服务。电力软件系统开发企业的上游企业包括商业软件（操作系统、开发工具、数据库等）供应商、地理信息系统及信息服务供应商、通信设备及通信服务供应商、计算机及其外围设备供应商等。电力关键设备生产企业主要包括一次设备和二次设备的生产企业。一次设备生产企业的上游企业包括钢铁等原材料供应商，模具生产、机械加工企业，传感器、芯片、电力电子器件等供应商，以及二次设备生产企业等。二次设备生产企业的上游企业包括模具生产、机械加工企业，传感器、芯片、电力电子器件等供应商，印刷电路加工商，计算机及其外围设备供应商，通信设备及通信服务供应商等。

综合能源服务采用互联网的理念、方法和技术实现能源基础设施架构本身的重大变革，构建新型的信息能源融合网络。这一行动是跨越多学科领域的综合系统建设工程，涉及众多行业、技术、研发的尖端变革。综合能源服务将催生一系列新的能源装备制造（如能量集线器、能量交换机、能量路由器）商、能源网络运营商（或虚拟运营商）、信息能源系统集成商、信息能源融合应用开发商等。综合能源服务具有巨大的产业规模和广阔的市场前景，必将孕育出全新的商业模式。以用户为中心的产业链如图5—1所示：

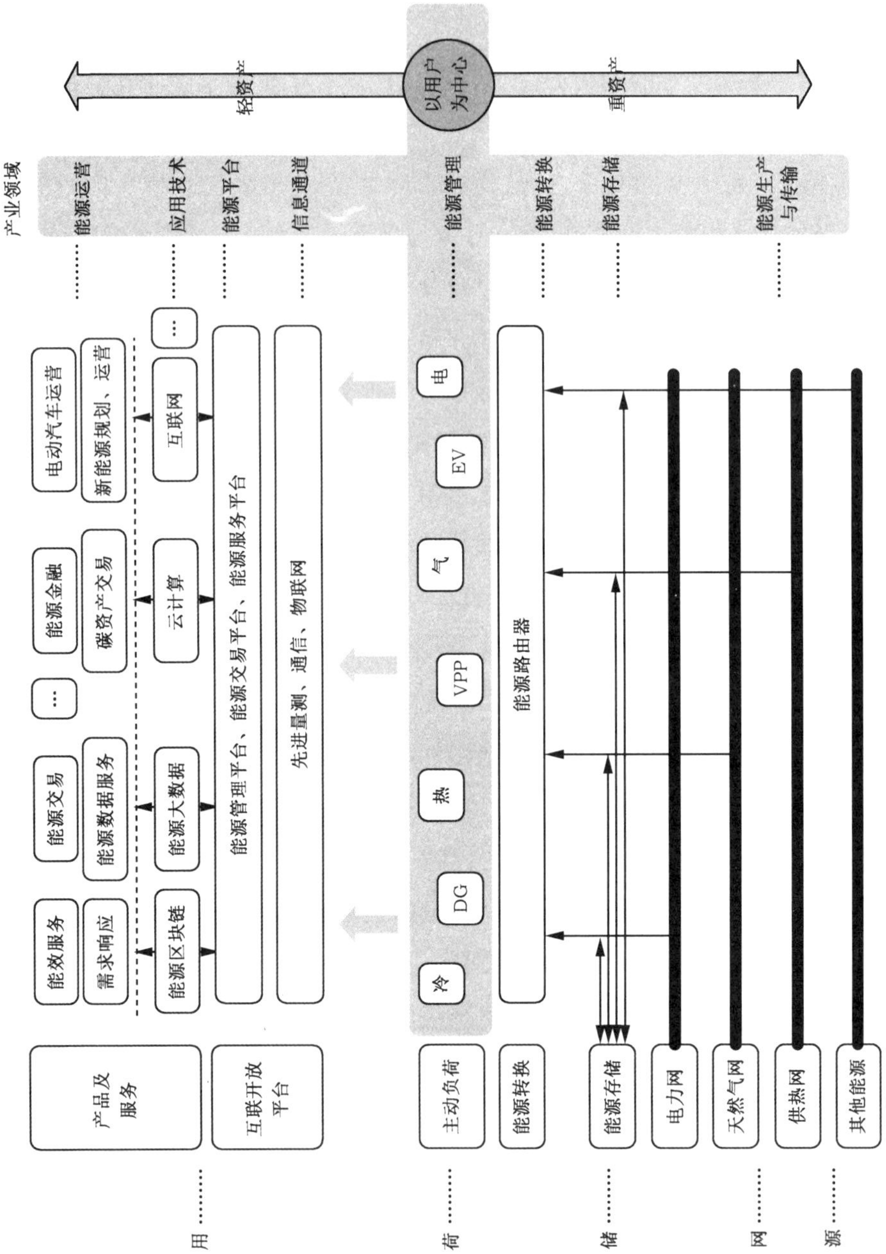

图 5-1 以用户为中心的产业链

第二节　综合能源服务市场主要竞争对手分析

综合能源服务强化了企业间互动。传统能源服务模式下，仅有供能企业和用能企业间形成购买关系。电网企业是进行供电、电能质量监测以及新兴的市场化交易、光伏、储能、充电桩、冷热电三联供等业务；发电企业则是提供发电、售电、包括直供电、智慧用能系统等。而综合能源服务是在充分分析、了解企业的需求下，为企业提供定制化能源服务，甚至可以在不同需求的企业间开展能源交易、节能减排、需求响应等服务，让能源在区域内可以动态转换。横向一站式的综合能源服务，重点在于围绕关系开展营销，充分开展能量流、信息流、业务流的互动，以保障业务长期进行。①

目前国内各省都在成立综合能源服务公司。综合能源服务市场的主要竞争主体，大致可归纳为能源公司、售电公司、服务公司和技术公司 4 类。

一、能源公司

在电改背景下，能源公司从战略上发展新兴业务，培育新的利润增长点，均瞄准了具备增值潜力和高盈利能力的综合能源服务。电网企业、发电集团和新能源公司是主要的能源公司竞争对手。

（一）国家电网转型综合能源服务商

1. 基本情况分析

2017 年 10 月 22 日，国家电网在系统内部下发《关于在各省公司开展综合能源服务业务的意见》（以下简称《意见》），明确将综合能源服务作为主营业务，培育新的市场业态，从售电向开展综合能源服务转身，提升公司市场竞争力，寻找新的利润增长点。正在推进的电力体制改革是国家电网调整战略的动因。在改革的背景下，国家电网定位和盈利模式发生重大改变，公司定位从市场参

---

① 十大项目案例带你了解综合能源服务的经济效益[EB/OL]. http://www.sohu.com/a/278512755_805678.

与者向公共服务提供者转变，商业模式从赚取购销价差向收取“过网费”转变。

在内外环境变化下，电网公司转向综合能源服务商，其目的有二：一是巩固原有售电市场，二是拓展新的利润增长点。在已经开展的部分综合能源服务项目，如配网节能项目净利润率在20%左右，具有极高的投资收益水平。

2. 主要产品分析

(1)灵活的、差异化的能源服务组合。以用电业务代办、设备托管、能效诊断为切入点，综合采用多种能源、技术、创新商业模式，为客户提供具有竞争力的定制化综合能源服务整体解决方案，向目标用户推介综合能源服务组合，建立服务价格优势。

(2)形成以电为核心的能源消费新模式。推进客户侧再电气化与能效提升，应用热泵，电窑炉、专用充电站、余热回收、绿色照明等高效用能技术，降低客户能源成本，改善客户用能体验，助力绿色发展；对用能设备、配电设施等开展专业化智能运维，提供精准故障诊断和状态检修服务。

(3)构建以电为中心的集成供能系统。在新城镇、新产业园(商务)区、新建大型公共设施的区域，以智能电网为基础，建设分布式光伏发电、分布式生物质发电、冷热电三联供，基于电能的冷热供应等系统，满足终端用户对电、热、冷、气等多种能源的需求，构建以电为中心的集成供能系统。

(4)推进“互联网+”能源服务。以源、网、荷实时数据为纽带，对接电、气、热等多种用能需求，搭建多元信息交互的综合能源服务平台，促进能源流与信息流深度融合，为客户提供智能调控、需求响应、交易预测、数据价值挖掘的服务。

(5)开发以储能、能源大数据、碳资产和金融服务为核心的能源服务新产品。试点在用户侧建设适当规模的储能装置，发挥特高压远距离配置能源的作用，促进清洁能源跨区域消纳，提高电网运行的经济性，利用能源大数据研究客户的能源消费行为特征，预测宏观经济走势和行业发展。基于综合能源服务的减排效果和投资收益，深入研究碳交易、金融服务规则，逐步开发碳资产，项目证券等衍生产品。

3. 公司优劣势分析①

(1)公司优势。在基础设施方面，电网是覆盖范围最广、投资规模和用户最多的能源网络，以电网为基础、电力为中心拓展能源服务业务，也是最为经济、有效的一种方式。国家电网公司掌握大量输电和配电网络资产，以此为基础建设综合供能系统、开展综合能源服务，可有效利用现有资产，降低用户用能成本。

在基础能力方面，拥有丰富的电力软件产品，在规划设计、调度运行、能量管理、智慧用电等各领域应用都形成了非常完备的软件产品；拥有平台建设经验，目前已经拥有电商平台、车联网平台、分布式光伏云服务平台等，并针对企业与其他用户开展了一站式服务、运行监控、金融服务等多样化的增值服务。

在品牌和用户方面，综合能源服务是以用户为中心的一系列服务，用户群体至关重要。国家电网公司供电人口超过 11 亿，品牌价值位居国内首位，用户群体黏度高、品牌依存度强。国家电网公司长期经营配电网，与用户紧密相连，是联结千家万户的电力门户，同时也拥有庞大的用户数据资产，涵盖电源侧、网侧、用户侧全环节，是国家电网公司开展综合能源服务的独特优势。

在技术和人才方面，国家电网公司拥有专业化服务队伍，为开展综合能源服务提供了有力的支撑。

在实践经验方面，国家电网公司基层单位已主动开展了综合能源服务业务，为国家电网公司开展综合能源服务奠定了基础。如《意见》提到的天津、江苏、湖南等公司为公共建筑、工业企业、园区等用户，提供了集水电气热(冷)等多种能源的综合能源服务。国网天津电力为天津市北辰产城融合示范区商务中心大楼提供“地源热泵＋风光储能”的多种能源供应和管控优化平台，能效比达到 2.38，综合能源利用效率提升了 19%。

(2)公司劣势。国家电网公司在开展综合能源服务业务时也存在一些劣势，主要体现在应对市场灵活性和商业模式的创新性等方面。在市场灵活性方

① 国网转型综合能源服务的形势分析[EB/OL]. http://shoudian.bjx.com.cn/news/20180130/877526.shtml.

面，国家电网公司作为大型央企，公司采取自上而下的统一管理模式，人、财、物高度集中，管控能力强，但具体到省公司、到地市公司层级，则缺乏足够的市场灵活性。如价格机制不灵活，难以像一些小型配售电公司那样根据需要与用户签订差异化、定制化的服务合同。在商业模式创新方面，国家电网公司需要探索新型业务模式，拓展多元化综合能源服务业务，更好地利用已有的软硬件设施和平台，提升综合能源服务水平。以平台服务为例，未来应致力于为投资商、供应商、金融机构、用户等市场主体提供供需匹配服务，例如综合能源交易与结算、碳交易、投融资、产品线上销售等平台服务，并进一步拓展挖掘平台数据价值的增值服务，提升数据分析能力和客户经营决策支撑能力等。

（3）发展策略。在当前能源转型和电力体制改革的新形势下，电网企业转型开展综合能源服务是必然选择。国家电网公司在《意见》中明确了向综合能源服务商转型发展的战略目标，同时从实施主体、市场策略、业务内容、保障措施等方面，明确了开展综合能源服务业务的总体部署，体系完备、实操性强。

首先，通过升级省综合能源服务公司作为综合能源服务实施主体的方式，一方面继承和保留了原有机构职能和业务基础；另一方面也体现了对省公司开展综合能源服务业务的重视。未来，售电侧市场将进一步开放，综合能源服务靠近用户侧，是市场激烈交锋的最前线，但同时却处于整个企业管理的末端，由省公司指导、省综合能源服务公司具体实施，无疑能更好地整合内外部技术、资金、管理等资源，更好地应对瞬息万变的市场形势和地方差异。

其次，以传统配售电和运维服务业务为切入点，逐步推广定制化、成套化、差异化综合能源服务的营销策略，充分发挥电网企业传统配用电业务优势，明确市场化转型方向。一是以用电业务代办、设备托管、能效诊断为切入点，提供定制化综合能源服务整体解决方案；二是向目标用户推介综合能源服务组合，建立服务价格优势。这里的目标用户是指根据客户用能特点等细分的不同服务客户群体，重点是园区、工业企业、大型公共建筑等；此外，还提出按照因地制宜原则，综合考虑政策环境，经济水平，能源禀赋等因素，针对各类用能行业和不同客户，明确重点业务拓展方向，体现综合能源差异化服务的特征。

再次，明确传统业务拓展、综合供能服务、“互联网＋”能源服务和能源服务新产品等重点任务。一是基于传统配售电相关业务，推进电能替代和节能改造等综合能源服务；二是提供电、热、冷、气等综合供能服务，构建终端综合能源供应体系；三是运用物联网、大数据等新技术，提供智能调控、数据挖掘等“互联网＋”能源服务，搭建多元信息交互的综合能源服务平台；四是利用能源大数据和金融工具，提供企业经营决策咨询和金融服务等能源服务新产品。

最后，提出全面覆盖综合能源服务项目前、中、后期的系列保障措施，拓展优质项目，持续有效地提升综合能源服务水平。

（二）南方电网综合能源公司

1. 基本情况分析

南方电网综合能源有限公司是南方电网“一主两翼”战略布局中综合能源业务的实施主体。目前主营“3＋N”业务（“节能服务、新能源、分布式能源与能源综合利用”三大业务以及“售电、电动汽车、碳交易、互联网＋能源服务”等N个新型业务），自2010年成立以来，致力于构建覆盖能源生产、输送、消费的综合能源服务体系，建成了一大批在全球、全国有影响力的大型示范项目，为客户提供一揽子的综合能源利用解决方案，已发展成为全国最大的屋顶分布式光伏投资运营商，是全国领先的工业节能、建筑节能、照明节能服务商，自主研发的电动车充换电平台“度度充”覆盖南方电网五省范围并逐步实现全国联网，在分布式能源、能源综合利用、海上风电等领域也创造了突出的业绩。

2. 主要产品分析

（1）节能服务。为大企业、大客户提供节能咨询及诊断，电网企业降损、发电侧节能改造、工业企业机电设备节能改造、节能电器应用推广等高端节能服务。为新建、既有建筑提供建筑能源托管、暖通系统优化控制节能、建筑动力设备节能、建筑能源监测等提供专业化的一站式建筑节能服务。

（2）能源资源综合利用。采用低浓度瓦斯发电技术，帮助矿企“变废为宝”，将低浓度瓦斯就地转变为电能，既提高了生产效益，又减轻了环境污染；为工业企业改进生产设备工艺结构或增加节能装置，将生产过程中伴生气体的压力和余热最大限度地加以回收利用;提供 LED 及智能照明系统等绿色照明技术项目(商业照明、路灯照明)的设计、咨询、产品提供、投融资、工程实施、系统托管等服务。

(3)分布式能源。南方电网综合能源有限公司投资、建设、运营分布式能源项目在能源负荷中心,对天然气进行高效利用,结合新能源、可再生能源发电、蓄能以及智能微网技术,为用户提供电、冷、热综合能源服务。

(4)新能源和可再生能源开发。在近海安装风力发电机组,将强劲、稳定的风能转化为清洁的电能,再通过海底电缆送回大陆电网,以优化电网能源结构、服务地方经济发展。

采用国家鼓励的“用户侧并网,优先自发自用,余量上网”方式,在园区或建筑屋顶建设光伏系统,为用户提供绿色电力,为社会节能减排。

(5)电动汽车充换电运营。为新能源车提供安全、便捷、优质、经济的充换电服务,为电动车提供专业化、标准化的运维服务。

3. 竞争优势分析

南方电网综合能源公司经营范围覆盖从能源生产,到输送,再到消费的各个领域,具有以下 4 个方面的优势,如表 5—1 所示:

表 5—1　南方电网综合能源公司优势

优势类型	具体内容
营销渠道优势	分布密集的营销网络和庞大的营销服务队伍,有助于南方电网综合能源快速进入目标市场,扩大业务范围,提升业务量,有效缩短市场培育期
客户资源优势	南方电网 2.3 亿的用电客户以及先进的客户关系管理系统,为南方电网综合能源公司提供了庞大的客户资源和丰富的用能信息
技术平台优势	南方电网综合能源公司与国际领先节能技术和产品服务商达成战略合作关系,与国内知名高校及科研院所搭建“产学研”合作平台,集成各类先进节能减排技术,为用户提供一站式、行业领先的能源解决方案
品牌背景优势	南方电网“万家灯火 南网情深”的品牌形象深入人心,在南方 5 省区乃至全国都具有强大的号召力

4. 发展策略

南方电网综合能源公司以天然气分布式能源为基础，综合利用太阳能、风能、空气能等可再生能源，示范推广节能照明、直流供电、储能、电能替代及智慧楼宇等新型节能技术，并搭建中央能源管理系统探索多能流的动态平衡与优化调度。另外，南方电网综合能源公司还积极探索与系统内各省地公司合作，推进城市级电动车服务。

（三）电网企业综合能源服务发展建议[①]

电网企业开展综合能源服务可立足以下几点：

（1）以购售电为核心业务，满足不同客户的用电需求。电网公司从电力批发市场中购电，包括现货市场和金融市场交易，然后零售给终端用户赚取差价。通过合理预测购电需求和市场价格，制定现货、中长期、期货、差价合约等多种交易合同组合，优化购电策略和成本，对冲市场风险。细分客户群体特点及消费规律，为用户提供多元化、个性化和套餐式电价服务，如提供季节性、时段性、定制式电价套餐等，通过丰富的价格套餐满足客户需求。

（2）积极拓展增值服务，提供各种组合套餐。根据用户需求提供各种增值服务，例如，提供蓄热受托、能效管理、用能诊断、设备维护、整体供电方案等多元化服务以及搭建多种生活产品交易平台，实现电力、自来水、燃气、热力的批发和零售，提供从电力、天然气到可再生能源供应等一系列的综合解决方案等。

（3）利用能源互联网，广泛运用云计算、大数据技术。售电业务上游承载发电、输配电、分布式等供给端，下游承接工商业、居民、园区等多维度客户，未来，企业将是电力大数据资源的管理者与利用者。基于这些海量数据，利用云平台充分了解用户形式多样的能源诉求，有针对性地为用户定制创新的综合能源解决方案，实现不同用户的节能减排和电能成本降低。也可进一步延伸拓展金融衍生业务，满足用户在电力使用过程中相关的金融服务需求。未来电网企业与售电公司比拼的不仅仅是售电，更应该比拼全方位、综合性的能源服务。

另外，为社会提供电力、油气、燃气、热能等能源的企业处于能源生态链中

---

① 电力企业向综合能源服务转型[EB/OL]. https://www.sohu.com/a/216008810_743972.

的供给端，在过去的产业格局中基本上仅负责“生产”，不参与流通和消费环节的业务，当然由于能源的细分行业不同，有些供能是产供销一体化的，可以提供供给端延伸型的综合能源服务，新的能源体制改革和区域能源互联网等新技术变革，为供给端实施产业链延伸提供了政策、制度和技术保障，进而使多元化的综合能源服务企业成为可能。供给端延伸型其实质是多能互补、多法并用基础上的综合能源服务，比如新奥是以燃气为主导，同时往燃气的深度加工——发电、冷热供应方向发展；协鑫以天然气热电冷系统、光伏发电、风能发电、储能技术、节能技术、低位热能结合为一体，提供多种能源服务。①

（四）新奥集团

1. 基本情况分析

新奥集团成立于1989年，已经形成了贯穿下游分销、中游贸易储运和上游生产开采的完整清洁能源产业链，形成了天然气销售、综合能源服务、能源贸易、能源输配四大核心业务。国家能源体制改革的方向就是“管住中间，放开两头”，不仅包括配电网，还包括天然气管网。新奥集团作为全国最大的燃气分销商之一，从2008年起开始进行综合能源业务的探索，探索方向从点到线到面，其中“点”就是指新奥分布式能源站——泛能站。

2. 主营产品分析

新奥集团的主营产品包括天然气，煤炭、甲醇、二甲醚、双结硅基薄膜太阳能电池板、微小型燃气轮机等。新奥集团拥有完备的能源运输网络，非管道燃气的运输能力居国内首位。同时致力于建设泛能能效平台，主要适用于能源站及其附属用能设施，依靠供需互动，达到能效优化的智能系统。并且具有三大核心功能：能效监控、能效管理、能效优化。

3. 典型案例②

新奥的泛能网属于区域能源互联网形式，将冷、热、燃气联系起来，开发冷

① 电力企业向综合能源服务转型的探讨[EB/OL]. http://news.bjx.com.cn/html/20171202/865150.shtml.

② 泛能网是典型的数字能源形态[EB/OL]. http://www.xinhuanet.com/tech/2017－12/07/c_1122072731.htm.

热电联产项目，将燃气、冷、热、电一起销售给用户。

2012 年新奥提出泛能网概念，泛能网是数字能源的典型形态，通过“端＋云”打通能量流与信息流，依托泛能网络平台，打造从方案、交付、运营及交易的全业务链数据智能，实现虚拟负荷池和虚拟供给池的优化匹配，最大化释放能源及设施价值。

在平台层面，新奥基于产业实践，重点打造了站、网、云三级平台，在泛能网模式下，新奥在物理设施层面发展高效的分布式能源系统，部署泛能能效平台，进行多能源的综合优化，高效利用清洁能源，释放品类的价值，构建清洁、低碳的能源结构。

在网一级部署泛能网运营调度交易平台，采用虚拟技术，实现负荷的时空优化，虚拟供给实现全网设施的共享，利用核心的人工智能，实现虚拟负荷侧和供给侧的匹配，让有竞争力的能源设施优先利用，资源最大化利用，时间、空间、网络价值叠加释放，消费者和生产角色可以自由地切换，解决消费者的主导问题，降低用人成本。

在网两级平台进行了区域内的多能源综合优化，解决结构和主导问题，能源的跨域优化涉及更广、影响更大。广域的能源系统，包括了园区、电厂、储能等各类主体和设施，分布在不同的城市，传统模式下能源竖井发展，设施孤岛运作，综合利用效率不足 40%，通过泛能平台，用大数据和人工智能很好地解决了协同优化问题，能效显著提高。

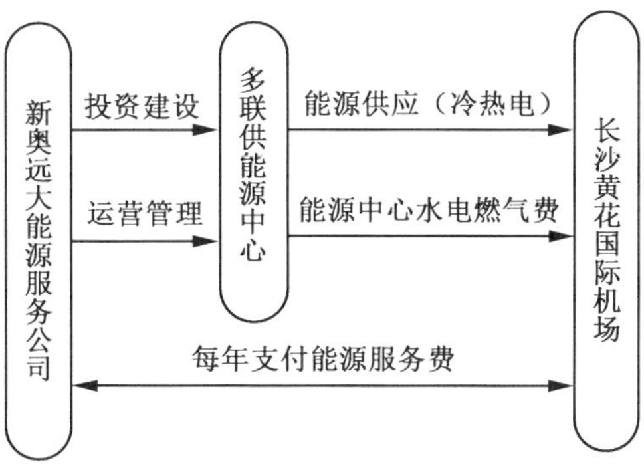

图 5—2　长沙黄花机场商业模式

新奥规划的泛能网项目市场着眼于工商业园区、用能企业、建筑等。建成的有湖南长沙黄花机场项目(商业模式见图5—2)、江苏盐城亭湖医院项目等。泛能网的主要投资来源于设备投资,根据用能需求,规划燃气发电机组,溴化锂余热利用机组以实现多品味的余热利用等。青岛胶东国际机场项目是新奥自长沙黄花机场后,落地的第二个机场泛能网项目。

(五)协鑫集团

1. 基本情况分析

协鑫集团是以新能源、清洁能源为主,相关产业多元化发展的综合能源企业。主营业务涉及电力、光伏制造、天然气、产业园、集成电路材料、移动能源及电动汽车产业新生态等多个产业领域。协鑫的光伏电站总装机容量位列全球第二,形成了全球光伏行业拥有知识产权多、更为完善的一体化产业链。协鑫集团设立了互联网金融信息服务平台——"国鑫所",搭建一站式综合能源金融服务平台,支持带动系统集成业务快速发展。同时在储能与充电桩方面有所布局,不但可为储能电站提供服务,自身还具备了储能电站(进入了国网首批储能电站的示范名单),充电桩侧包含各系列(交直流,路灯一体式)充电桩产品。

协鑫集团推行国际化战略,瞄准绿色能源"一带一路":以产业园模式,来积极拓展新兴市场。其年报计划披露未来将在印度、巴西、北美、北非等地加速海外产业建设,搭建海外发展平台。

2. 主要产品分析

(1)光伏。协鑫的光伏电站总装机容量位列全球第二,也是全球领先的高效光伏材料研发和制造商。2017年,保利协鑫多晶硅年产量达7.5万吨;硅片年产能达40吉瓦,产量达24吉瓦,全球市场占比约25%。

(2)智慧能源。业务范围涵盖高效环保火电、抽水蓄能及水电、核电等发电业务(运营、管理及在建装机容量8 450MW),并大力发展配售电及碳资产管理业务。

(3)油气。布局天然气一体化产业链,从天然气开发、储运向终端服务延伸。协鑫在埃塞俄比亚拥有远景可采储量达 5 万亿立方米的天然气和 4 亿吨的原油，项目一期天然气可开采每年 40 亿立方米(合 300 万吨/年)。

(4)金融。实行以“金融产业化＋产业专业化”为两翼的战略布局，金融是实现协鑫从能源制造向产业服务转型的重中之重。

3. 典型案例①

协鑫的分布式微能源网按照“六位一体”模式实施：将天然气热电冷系统、光伏发电、风能发电、储能技术、节能技术、低位热能结合为一体，提供多种能源服务。

2015 年 3 月 21 日，苏州协鑫工业应用研究院天然气分布式能源站经过紧张的调试，天然气燃机发电并网成功。这标志着国内首个“六位一体”能源互联网项目正式投入运行。协鑫“六位一体”微能源网技术实现综合供能，苏州协鑫工业研究院一期建筑面积19 515平方米，试验办公楼总用能需求(电力、空调用冷用热、卫生热水)计算负荷约3 000KW，比常规能源配置节约2 000KW。屋顶光伏已于 2015 年 1 月底投运，屋顶光伏可提供 350KW 的电能；天然气内燃机可提供 400KW 电能、400KW 热(冷)能，并配套 100KW 储能、风光互补、电动汽车、微电网、LED 等多项能源技术，具有创能、储能、节能、绿能、微能、多能的突出特点，自供能率超过 50%，整个建筑节能达到 30%以上。

随着社会的进步，在我国发展和使用新能源已上升为一种新文化，成为社会建设的一个重要组成部分，“六位一体”分布式微能源系统在向用户供应电力的同时，还为用户提供了热能、冷能。综合利用效率的提高可降低用户能源消费的总成本，在政府的经济激励政策下，用户还可继续降低用电成本。

(六)其他典型公司②

1. 国家电投

国家电投拥有各类电源，可以将各种新能源进行不同形式的组合。除了能

---

① 协鑫集成：光伏龙头向综合能源系统集成商升级[EB/OL]. https://www.jiaheu.com/topic/27835.html.

② 电力企业向综合能源服务业转型综述[EB/OL]. http://power.in－en.com/html/power－2286125.shtml.

将各种能源进行打包外，国家电投还拥有国家核电设计院和山东电力设计院两大甲级设计单位，可以为用户提供包括可研调查在内的顶层设计和技术研发服务。此外，国家电投拥有的专业施工团队可以为用户做 EPC 工程总包服务，提供专业全面的能源服务。

国家电投提出“综合智慧能源服务”模式。提供能源一体化解决方案，针对新建楼宇、园区的电、水、气、热、冷等不同的管道，将不同能源进行有机的合成，使其协同发展。在能源生产端，可以实现风电、光伏等不同能源的协同利用；在能源消费端，为用户提供的订单式的能源需求表里可以为用户提供不同时间、不同能源品种的使用成本，用户可以根据该表来合理安排使用能源；通过这种生产和消费的互动，从而达到能源需求平稳、效率提高、能源成本下降，最终实现生产者、消费者和社会效益等多赢的局面。

2. 国华电力

神华集团提出“1245”清洁能源发展战略，探索由传统能源提供者向综合清洁能源生产专家、综合能源配置专家和综合能源使用专家转变，积极推进“传统能源清洁化、清洁能源规模化、节能环保产业化”。

其中，在分布式能源方面，国华电力积极探索贴近需求侧的综合能源供应商业模式，为用户提供“以分布式能源为主导，多能互补、能源互联网的综合能源一体化解决方案”，构建“源、网、荷、储、控”协调发展、集成互补的综合能源系统。国华电力拟以功能区为单元，运用分布式能源技术，提供多能互补、“互联网＋”智慧能源（能源互联网）的综合能源一体化解决方案，形成横向“电、热、冷、气、水”能源多品种之间的互联互通、协同供应，纵向“源—网—荷—储—控”能源多供应环节之间的协调发展、集成互补，建成能源与信息高度融合的新型生态化综合能源系统。其中，“源”是指煤炭、天然气、太阳能、地热能、风能、生物质能等各种一次能源以及电力等二次能源；“网”涵盖电网、气网、热网、冷网等能源传输网；“荷”与“储”则代表了各种能源需求以及存储设施；“控”是指采用智能数据采集分析系统，实现多能耦合、综合调控。

二、售电公司

售电公司是连接发电企业和用户的中间商，在批发市场购买电能，并在零售市场将电能出售给用户，为用户提供基本电力销售和附加增值服务以赚取利润。售电公司是电力市场的新型售电主体，能够激活市场活跃度，推动市场进一步开放。

（一）基本情况分析

目前成立的售电公司有上万家，公示的有3 000家左右。从市场的参与者来看，在政策的趋势下，售电公司的市场主体呈现出了多元化的特点。按照电改9号文，鼓励进入售电公司领域的主体主要包含以下几类：现有供电公司、大型发电企业、节能服务公司、工程建设公司、大型工业园区以及有条件的社会资本。除了上述参与者，目前参与到售电领域的企业还包括了民营电气设备企业、分布式能源企业等。[①]

由于售电公司的进入门槛较低，市场竞争主体相对较多，且售电公司的类型各式各样，加上售电公司可以参与增量配电网投资运营，竞争也将更加激烈。尽管售电公司注册数量大，但参与市场程度低，采取赚取差价红利的商业模式，因创新不足很难实现可持续发展。从2017年上半年广东电力市场交易情况来看，交易电量基本被电厂窗口型售电公司、拥有大用户的售电公司以及综合能源服务商三类企业瓜分。由此可见，定位为用电需求侧的综合能源服务商，售电与提供各种增值服务融合发展将是其未来最为可能的趋势。[②]

（二）各类型售电公司主要产品和发展优势

售电公司可以提供消费端衍生型的综合能源服务。主要业务包括基本电力销售服务、分布式＋微网、电力物业、能效服务、需求响应、信息增值服务等。

---

① 2017年中国售电公司发展现状分析[EB/OL]. https://baijiahao.baidu.com/s?id=1601058783142178257&wfr=spider&for=pc.

② 综合能源服务的市场潜力分析[EB/OL]. http://shoudian.bjx.com.cn/news/20180326/887626-2.shtml.

1. 发电型售电公司[①]

就发电企业而言，本轮以电力市场化为主导的改革，放开发电量计划、放开售电市场，引导发电企业向售电产业链延伸。因此，发电企业为迎接能源革命、适应电力体制改革的需要，经营定位和经营模式将发生根本性改变，其中一项重大举措就是建立以市场为导向的营销体系、向综合能源企业转型，培育新的经济效益增长点。大唐集团的目标是通过 2～3 年时间构建适应市场、统一协调、机制灵活、决策高效、体系完整的营销体系，建立“总部宏观指导、省级公司经营决策，基层发售电公司组织实施”的营销管理管控体制。目前大唐集团已经成立了 17 家区域性的营销公司和 3 家区域性的售电公司，开始向综合能源服务企业挺进。发电公司具有以下竞争优势：

(1)控制上游发电成本，传导在售电价格上具备优势。发电型的售电公司拥有较可观的发电资源，在把控上游降低发电成本，从而传递到售电价格方面具备明显优势，可实现发电成本差的直接传导。比如在火力发电中，从控制煤炭采购源头成本入手，优化机组运行模式，降低单位耗煤量，节约的成本优势传递到售电竞价上。当售电业务较难开展时，可以提供零边际贡献的电力销售价格，以此还能够吸引大量用户，这是其他售电主体所不具备的优势。

(2)综合能源服务提供商。发电型的售电公司本身具备成为综合能源服务企业的条件，完全能够充分利用自身现有资源，垂直贯通上游发电行业以及下游售电行业，在满足基本售电的基础上发展形式多元的增值服务，一方面借此可以塑造出综合能源服务企业的形象，另一方面对提升企业自身核心竞争力也有很大帮助。

(3)资产规模较大，利于售电业务资源配置优化。售电公司本身拥有气电发电资产，在国家有关政策中分布式天然气项目属于“促进能源梯级利用为目的的局域网、微电网”，可进行专线供电、供热、供冷，所以售电公司可以利用这些资产为售电业务打造多种能源套餐，打包电、热、冷一体销售。

---

① 刘博. 基于能源互联网思维的 E一售电公司经营模式研究[D]. 广西大学，2017.

2. 独立售电公司

独立售电公司是指由发电、输配电企业以外的市场主体所组建的售电公司,不拥有配电网运营权,不需要取得电力业务许可证(供电类),不承担保底供电服务,独立售电公司的基本业务模式是进行电力批发并卖给客户,即通过与上游发电企业签署短期或者长期的电力购买协议、与电力用户签署短期或者长期的电力销售协议后来赢取中间利润。

独立售电公司要在电力交易市场上竞价购电,要由电网企业为终端客户提供抄表、核算、计量等供电服务,其自身面向重点电力客户的基本业务包括进行市场开拓、维护客户关系、提供客户服务,套餐化售电业务是其核心关键业务,通过和购电竞价的联动,结合不同客户用电特点、负荷性质,提供用户和售电公司双方均衡利益最大化的电价策略。更多的售电公司要为电力客户提供全方位的增值服务,例如线下的电力工程等。如果要充分利用客户的用电数据,开展能效和其他数据服务,还需要考虑安装自有表计。因为供电服务都由电网公司负责,售电公司和电网公司业务的衔接、和电费结算有关的核查、电费试算也是需要考虑的部分。

独立的售电公司也可以发展综合能源服务,但经营的跨度较前者要小、排列组合的方式少。售电公司从电力批发市场中购电,包括现货市场和金融市场交易,然后零售给终端用户赚取差价,满足不同客户的用电需求。通过合理预测购电需求和市场价格,制定现货、中长期、期货、差价合约等多种交易合同组合,优化购电策略和成本,对冲市场风险。细分客户群体特点及消费规律,为用户提供多元化、个性化和套餐式电价服务,如提供季节性、时段性、定制式电价套餐等,通过丰富的价格套餐满足客户需求。

3. 配电网运营权的售电公司

售电公司当中最有可能发展为综合能源服务商的是具有增量配电网投资,拥有配电网运营权的售电公司,这类公司的定位是综合能源服务的盈利模式。除基本售电业务外,更多发展增值业务,即不以购售电的差价为主要利润来源,而是要扩大增值型服务。增值型服务包括向用户提供优化用电策略和合同能源管理等服务，以及将售电业务与其他供水、供热、供气业务打捆，向用户提供综合能源服务，同时可以承担代理用户购电、运维电务工程等多种多样的服务。

4. 中小售电企业的综合能源服务①

对于无重要资产、无核心竞争力的中小企业来说，应朝着服务用户，提升服务能力的大方向进行切入。

(1)以中小企业的现有产品为媒介，开展能源大数据业务。以现有“能源路由器”为工具，自动探索采集用户的信息流，供能源大数据软件分析、整理，提炼用户用能周期性数据，并反馈用户以供参考，适时与大用户沟通，开展综合能源服务业务。提前做好能源企业的行业保密工作，如依靠“能源路由器”监测等免费推广模式的实施，积累用户用能数据。

(2)提高用户服务质量，以“服务用户”的过程为媒介，探索综合能源服务业务。具体服务大用户用电用气、业扩报装、微电网并网、分布式发电等业务，主动与用户沟通对接，解决电网企业供电服务未实现的精益化服务问题，通过为用户代跑、代办等形式提供免费增值服务，前期服务可采用免费策略，随后可考虑盈利的商务模式，但盈利的来源是基于一定量的用户积累。

(3)开展能源生态圈新型业务，积极布局抢占先机。从网上能源服务、网上售电平台核算、电动汽车充电桩、微电网、电能替代、分布式能源并网、储能业务、金融能源融资理财、碳排放交易等方面，中小企业依据自身特质持续从上述区域纵向发展，占领市场。

(三)售电公司盈利模式演变趋势

售电公司的盈利模式在价格策略、客户服务及综合能源服务三个阶段过渡。

1. 价格策略阶段

在售电市场改革的初期，电价是用电客户行使选择权的关键动因。因而，制定价格策略并通过营销、促销等手段，吸引用电客户是售电公司首先需要考

① 浅析：中小型企业综合能源服务业务的切入点在哪里[EB/OL]. http://shoudian.bjx.com.cn/html/20180223/881601.shtml.

虑的问题。一方面，售电公司需要通过合理预测购电需求和市场价格，制定现货、中长期、期货、差价合约等多种交易合同组合，优化公司购电策略和成本；另一方面，售电公司要结合细分客户群体的特点及消费行为，为客户提供多元化、个性化和套餐式的价格策略，以满足不同客户的需求。

2. 客户服务阶段

随着市场化的不断推进，用电客户行使选择权的决定因素不再局限于电价，而更倾向于整体看待售电公司的电力相关产品和服务。因此，在合理定价的基础上，发挥服务的经营价值将成为售电公司进一步考虑的问题。随着电力市场的运作更加完善，售电公司的服务内容、服务配套、服务能力将会得到加强，同时客户的需求水平也在不断提升，消费结构和消费心理也在发生着变化。此时，售电公司除了具有竞争力的电价之外，还需要拓展客户服务形式，通过提供立体化、全方位、多角度的服务，提高企业竞争力。

3. 综合能源服务阶段

随着市场化步入成熟期，售电市场的竞争将延伸至能源供应、家电和能源设备销售能源咨询服务、企业与企业之间的专业服务以及金融服务等领域，售电公司也需通过与其他公共事业或跨行业企业的合作，不断拓展公司产业链、业务链与价值链。未来售电市场上，售电公司竞争的不仅仅是售电，更是全方位、综合性的能源服务，从售电主体的业务范围来看，主要包括核心业务与增值服务两类。核心业务，即购售电业务，从批发市场或者发电企业和其他售电企业购电，向用户售电；增值业务，则包括向用户提供优化用电策略和合同能源管理等服务，以及将售电业务与供水、供热、供气等业务组合，向用户提供综合能源服务。消费端衍生型综合能源服务的核心是以需求为导向，积极响应用户不断变化的需求升级，开发更便宜、更清洁的能源供给和整体节能方案，并在用户综合用能成本的下降中与用户共享收益。

(四)售电公司发展建议

1. 拓展多样化产品和服务形态

新一轮电力体制改革开展以来，大量售电公司如雨后春笋般涌现出来，市场交易规模持续扩大，用户侧获利水平较高。国际经验表明，在售电侧竞争放开的初期，降低价格是售电公司获取新用户的最有效途径。如2013年的美国JDPower电力行业居民用户满意度调查显示：选择新售电商的用户中，64%是因为更低的价格。当前我国电力市场直接交易中的高低匹配出清机制直接降低了交易用户的购电成本。

伴随市场运行模式的不断健全，售电公司需要进一步采取差异化的产品和定价策略，电力市场产品将不断多元化。在进行售电业务的同时，售电公司将围绕电能这一同质化品种，逐渐开发拓展多样化的产品和服务形态。

2. 提供综合用能服务

综合用能服务可以从供给侧和需求侧两方面出发，通过能源网络、信息系统、综合管理平台以及相关增值服务，实现信息流、能源流和价值流的交叉互动。

供给侧的主要服务形态包括：分布式供电/热（通过为用户提供分布式发电、热泵供暖设备，收取发电和供暖收益）、碳交易（微电网中分布式能源供应模块可以通过参与碳交易市场获得收益，实现可再生能源充分利用）。需求侧的主要服务形态包括：储能设备租赁（为用户安装储能设备，逐步回收储能设备安装相关费用，并获取一定利润）、信息服务（通过智能装置分析用户用电动态，为用户提供设备维护及更换等相关建议）。

3. 发展能源托管服务

能源托管服务是针对用能企业提供的能源管理咨询服务，通过对用能设备的购进、使用以及利用效率、用能方式等方面进行承包式管理，为用能企业提供相关技术支撑和设备更新，最终达到节能和节约企业能源使用成本的目的。

在为用户提供电能的同时，售电公司在积累相关节能技术、人才、管理以及维护经验的基础上，可以为相关能耗企业提供短期或中长期能源托管服务，并从企业节约的能源使用成本中按比例收取一定费用。

4. 聚力电力金融

电力行业具有峰谷差大、负荷预测难的特征，电力商品还具有交易规模大、参与交易者多等期货商品的特质。在电力行业市场化程度不断提高的过程中，为了实现对电力市场的风险管控，保障电力行业稳定运行，国外较为成熟的电力市场均推出了相应的金融衍生品。建立一个包含远期合约、电力期货和电力期权在内的电力金融市场是电力市场发展的必然方向。

在电力金融市场发展壮大的过程中，售电公司一方面可以有效对冲电力价格的市场波动风险，另一方面依托自身电力行业专业知识的积累，积极拓展电力金融衍生业务，不断满足电力用户的相关金融服务需求。

综合来看，未来电力行业的市场化程度将不断提高，与其他行业的关联互动不断加强。电力行业的产品也将由电能这一同质化品种，拓展为包括电能、综合用能服务、能源托管服务和电力金融等更为多元的产品和服务种类。价格方面，在竞争的初期，电力市场的用户成本仅包含电价，将逐渐下降；在竞争的中后期，随着电力市场的产品与服务不断多元多样，电力市场的用户成本增加了综合用能服务等相关服务费，将呈缓慢上涨的趋势。

三、技术公司

传统能源技术公司以及以大数据、云计算、物联网、区块链技术、人工智能等新业态为主的技术公司，正在开拓一些新型增值服务。

（一）远光能源：互联网＋能源

1. 基本情况分析

近两年，政策的调整和技术的发展，对能源行业产生了巨大的影响。随着新电改的启动，配售电市场释放万亿级改革红利。同时，云计算、大数据、物联网、人工智能等新技术正在重塑能源行业的商业模式，推动能源市场开放和产业升级。新电改、新技术将为能源行业带来前所未有的新机遇。

远光能源是远光软件向能源互联网业务领域扩展的重要布局。其借助于长期服务电力行业的经验积累，依托自身产品基础和技术优势，打造电力产业链、能源生态圈、区域能源管理等领域的产品，抢占能源互联网入口，全面布局能源互联网新生态。

2. 核心业务

(1)配售电咨询服务。依托于远光软件深厚的电力信息化技术底蕴、能源互联网团队的管理咨询专家,结合发电、输变电、电网调度、配网建设管理、售电营销一体化管理经验,为配售电公司及纯售电公司提供专业的配售电咨询服务及运营管理解决方案,具体解决方案如图 5—3 所示。

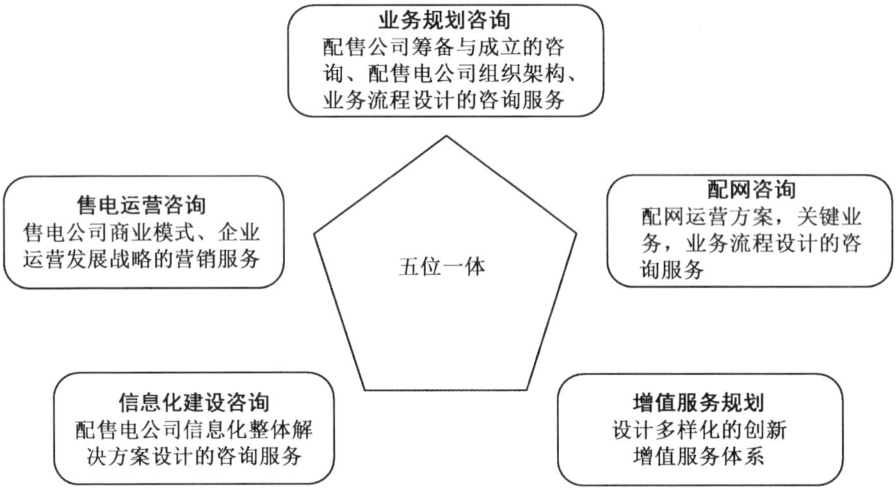

图 5—3　配售电咨询服务

(2)配售电一体化云平台整体解决方案。远光配售电一体化云平台整体解决方案主要满足客户服务、购售电交易、增值服务等配售电业务,助力独立售电公司、配售一体售电公司和发电集团售电公司等多种配售电企业构建“轻量化、社交化、一体化”的信息系统,有效促进需求侧管理精细化,降低配售电企业成本,实现高效运营。

(3)综合能源服务。远光能源互联网致力于推动配售电、云计算、电力大数据、区块链等新兴领域的能源智能化技术研究,提供综合能源服务,助力能源企业转型升级。

3. 竞争策略

远光能源互联网依托深厚的行业积累布局碳资产管理、购售电业务、需求侧管理、节能减排、储能管理等能源互联网业务链，并通过大数据技术深入挖掘电力大数据价值，提供高效的用能信息化服务。同时，在能源管理领域、生产领域布局智能化解决方案，推动能源企业朝着智能化方向变革。

4. 典范项目

三峡电能“基于互联网＋智慧能源的配售电业务与信息化深度融合”是一项业务类型新、涵盖范围广的大型咨询项目。远光充分发挥配售电业务领域的专业化咨询优势，引入国内外配售电及综合能源市场和国内外配售电公司信息化体系架构的先进理念，结合多年的电力行业实践经验，优质高效地完成了整体咨询项目，有效地支持了三峡电能配售电业务及信息化建设工作。

（二）阿里云携手智光电气构建“综合能源大服务工业互联网平台”①

2018 年 5 月 3 日，智光电气与阿里云签署战略合作协议，双方就共同构建国内首个“基于大数据驱动的综合能源大服务工业互联网平台”达成战略合作。

双方以国家深化“互联网＋先进制造业”发展工业互联网为契机，抓住能源变革和电力体制改革的机会，充分利用阿里云的 IT 工业大脑和大数据技术在能效优化、工艺优化、品质提升、大平台建设等方面的平台支撑和智能决策支持；充分发挥智光电气在电力系统数字化控制技术、综合能源技术与服务领域多年积累的大量应用场景和行业经验；利用双方的专业技术及用户端优势，整合优质资源、形成聚合效应，深入挖掘综合能源全产业链应用数据价值，共同打造具有国际领先水平的综合能源大服务工业互联网平台。

四、服务公司

一直以来节能服务市场发展比较缓慢，企业规模普遍偏小、融资难，企业盈利性差。以国网节能服务有限公司为例，如果节能服务转型升级，扩大业务范围，提供能源供应，节能服务作为其附加值，将大大增加企业盈利空间。但由于这类公司不具有上游资源、核心技术等，因此在刚进入市场时缺乏一定的竞争

① 智光电气携手阿里云共同构建“综合能源大服务工业互联网平台”[EB/OL]. http://www.gzzg.com.cn/news_view.aspx? TypeId=4&Id=1136&Fid=t2:4:2.

优势,需要与能源为主业的公司开展合作。

（一）基本情况分析

国网节能服务有限公司成立于 2013 年 1 月,成立之初定位即是综合能源服务商,现有清洁能源综合开发利用、节能服务、电能替代、国际能源开发四大板块业务。致力于从事国家积极倡导的节能环保与清洁能源开发前沿技术项目和典型示范项目的投资、建设、运营,是立足电网企业、面向社会,市场化运作、专业化管理、多元化发展的新兴企业。

（二）主要业务及优势

在综合能源服务方面,服务于雄安新区能源建设,服务于国家电网公司转型升级;提供综合能源服务领域规划、设计、投资、建设、运营等服务。

在节能服务方面,集规划、设计、咨询、施工、投资、运营等服务模式于一体,针对电网节能、建筑节能、交通节能、工业节能等领域,采取灵活多样的商业模式,为电力系统、地方政府、相关企业等各类用户提供整体解决方案,创造最佳的节能效果。

在清洁能源综合开发利用方面,所属国能生物发电集团有限公司是全球最大的生物质能综合开发利用专业化公司,利用国际先进的生物质直燃发电技术和中国丰富的生物质资源,在全国 14 个省级行政区投资建设生物质发电项目,投运及在建机组 40 台,总容量达 100 万千瓦。同步向生物质产业上下游和清洁能源延伸,积极拓展生物质燃料经营、热电联产、成型燃料供热等生物质资源综合利用新型业务,开发风、光、地热等清洁能源项目,不断扩大企业经营规模和业务覆盖面。

在电力环保方面,积极落实“以电代煤、以电代油、电从远方来、来的是清洁电”的能源消费新模式,采用国内外先进高效技术,面向终端能源消费市场推广实施集中式电采暖、港口岸电等以电代煤、以电代油的典型示范项目,不断提高清洁电能占终端能源消费的比重,推动社会节能减排,缓解城市雾霾污染。已成功在北京开发投运了大型集中式蓄热电锅炉燃煤替代的试点项目,取得了显著的减排效益和社会效益。

在国际业务方面，以所属国网绿色能源有限公司为平台，以承担国家电网公司全球能源互联网重大国际合作项目为方向，在俄罗斯、蒙古、东南亚地区开发能源资源综合利用及节能环保市场。目前，正全面推进总投资额超千亿元的中蒙锡伯敖包煤电输一体化项目可研工作，项目包括年产3 400万吨露天煤矿、装机容量 14×660 兆瓦坑口电站和输电容量10 000兆瓦的±800 千伏直流输电工程，并规划建设2 800兆瓦风力发电场和1 200兆瓦光伏发电站，输电规模达1 000万千瓦。同步在俄罗斯远东地区开发泥煤等生物质资源综合利用业务，成功完成首批泥煤进口及销售工作，打通了泥煤进口贸易通道。印度尼西亚、马来西亚等东南亚地区生物质混燃发电市场稳步开发。

（三）典型项目

2013 年，国网节能服务有限公司与国网浙江省电力公司结合对浙江电力生产调度大楼能源审计结论，合作开展了浙江电力生产调度大楼建筑节能改造工程。

项目采取效益分享型合同能源管理模式，通过调用各用能设备历史数据和实时测量在用设备用能情况，构建大楼用能基础数据库，同时参考大楼建筑参数和系统运行性能参数，开展建筑本体分析和能耗分析，最终确定了包含 11 项节能技术的综合性楼宇节能方案，包括建立能耗监测管理平台、循环冷却水泵变频控制、幕墙玻璃安全隔热改造、绿色照明改造、大楼围护结构节能改造、中央空调系统改造、蓄冰槽保温改造、空调盘管风机控制改造、智能水表及水平衡测试、配电监控系统软硬件更换、配电系统谐波治理。

项目实施后，大楼能耗同比下降 25%，年节电量达 572 万千瓦时，折合标准煤1 899吨。不仅显著提升了大楼建筑品质，且提高了建筑物及各类系统使用的安全性、舒适性和健康性。

第三节　综合能源服务市场拓展

近年来，能源竞争格局发生新变化，过去能源供应主体的经营模式是分业经营，供热、供水、供电等由不同的市场主体来承担，基本不构成竞争。而现代能源体系打破了这种界限，根据能源特点和使用场景的要求，需要发挥各类能源的优势，提供综合性的能源解决方案及更加精准的服务体系。例如“煤改电”后，供电企业客观上承担了供热的职能，市场主体之间就存在着利益博弈。随着电力体制、油气改革的深入，能源价格的市场化改革将推动竞争格局发生新的变化，综合能源服务供应商将大量涌现。综合能源服务商不仅是绿色能源供应方案服务商、生产技术解决方案服务商，未来还将向清洁能源金融服务、交易服务等方面延伸。未来的能源市场不仅需要专业供能的能源服务企业，更要有综合素质俱佳的综合能源服务商。现代能源供应体系从服务支持上应划小实施主体、做大服务面，通过提升智能互联网等新技术，促进能源生产者、消费者、管理者、服务者、关联者的互联互通，优化能源系统中的竞合关系。①

一、综合能源业务进入策略

新形势下，电力企业面临的挑战越来越大。从外部环境来看，一是随着电改的深入推进，电力市场垄断性的逐步被打破，售电公司、分布式电企、储能运营商、互联网跨界电力服务企业等新兴市场主体的兴起，电力企业面临的市场不确定性越来越大；二是技术的飞速发展，也正在深刻地改变传统能源供需体系，能量交换途径更加多样，用能需求也更加多样化、个性化。从企业内部来看，传统电力企业长期处于垄断地位，市场竞争意识、客户中心意识较为薄弱，若不进行业务转型与创新，必将面临层层危机，甚至会被淘汰出局。

综合能源服务业务进入策略可以从项目层面和业务层面进行分析：

(1)项目层面：一是盈利模式设计，除项目本身经营收入外，应尽可能控制投资，降低运营成本，并通过补贴或上市融资等方式强化盈利能力；二是利益关联机制，考虑园区、用户、燃气、电力等相关方的利益诉求，获得主要支撑，建立共赢机制；三是用户选择，选择政策、经济、产业属性和经营状况良好的用户(群)，有较好负荷特性。

---

① 能源竞争格局发生新变化，综合能源服务供应商将大量涌现[EB/OL]. http://shoudian.bjx.com.cn/html/20181120/942890.shtml.

(2)业务层面:首先是业务拓展路径,根据产业环境和资源情况确定自身定位,建立可持续的业务模式;其次是核心能力建设,逐步建立以产品、集成能力、商业模式等为核心的竞争力;最后是产业生态建设,开展业务链整合和产业链构建,打造产业生态系统,提升竞争力、拓展能力和盈利能力。

产业的健康发展最关键的是市场交易机制要相对完善,其中要考虑几个因素:行业许可、价格与市场接轨、主要用户支撑、基本能源保障、完善调价机制和行业监管。

二、综合能源服务商竞争性业务板块

对于综合能源服务商,从广义上来说,出于对促进分布式、可再生能源就近消纳的考虑,可以存在并将确实存在集发输配售于一身的市场主体,既可以拥有某种发电资源、又可以拥有电力传输线路、配电网,同时还能拥有售电商的身份。

目前可以列举的竞争性业务主要覆盖以下几大板块:传统电网延伸业务、综合能源业务、智慧用能业务及部分拓展业务等。具体包括但不限于:竞争性售电、增量配网、微电网(含小水电、光伏、风电、冷热电三联供、储能、电动汽车等)、需求侧管理、工程建设运维、电力金融、行业咨询顾问等。

(一)竞争性售电方面

售电侧准入门槛相对较低,市场前景广阔,各方主体都在紧锣密鼓地布局其中,竞争日趋白热化。这是竞争性业务的核心枢纽与重要基础,可以首先建立 2～3 个典型试点,接着在此基础上探索多种商业运作模式。比如:单一售电(仅参与客户打包代理,也是目前市场上最直接、常见的参与模式);复合售电(在单一售电基础上许以电力领域内的多品类增值服务,如工程运维、节能环保、高品质电力提供等);多元售电(在复合售电的基础上,提供多种能源的综合性服务,设置定制化套餐,并引入金融手段为客户做账期管理等)。

(二)增量配网方面

按 105 个增量配电网的试点初步推算,市场规模大约有1 000亿。相比单纯售电行业的低准入，增量配网的玩家已经有所减少，但背景、实力却愈加雄厚，竞争也越发激烈。

这一块业务受到属地政府能源管理部门的管制，需具备一定的许可和支持，且初始投资较高、回收期相对较长、对专业化程度要求较高。

未来的增量配网建设大部分都将会以PPP形式存在；而能在售电领域风生水起的玩家，大多都在配电网方面掌握着一定的话语权，势必出现大量的跨界经营。

（三）微电网方面

这是目前各大市场竞争主体暗自发力的主要战场，也是切入竞争性售电和增量配网领域的关键点。国家发改委于2015年11月30日发布的《关于推进售电侧改革的实施意见》中明确提出："拥有分布式电源的用户可以从事市场化售电业务"。因此，具有大规模投资能力的分布式电源投资主体，将充分利用行业经验、发挥既有市场优势，大力发展微电网控制技术，拓展业务覆盖范围，最终拥有多个微电网资源。是以，工业园区是需要且值得密切关注的对象，在整合成为微网运营商、进而拓展增值服务方面，具备天然优势，未来将成为最典型的电力生产者、使用者兼售卖者。虽然不是趸售小电网，却在本质上形成了变相的发输配售一体格局。这将是除电网外的售电主体们最有力的竞争方式，既符合国家政策，又与电网平起平坐，甚至拥有优于电网的话语权。以光伏为例，该领域的壁垒主要存在于资金方面，前期投入大，回收期一般至少需要6～10年。由于涉及上网方式、费用结算、政策补贴等问题，电网企业长期以来都视其如鸡肋。相比之下，工业园区坐拥自有屋顶资源，可以引入包括融资租赁、资产证券化、互联网＋金融范式等新型融资手段，并通过与组建厂商合作、PPP等模式予以实现，并且均可以解决大部分问题。而产业链上游的组件厂商起步相对较早，长期浸淫在业务领域中拓展深耕，比如早已与阿里联手的阳光电源，领跑者的专业优势不言而喻。

（四）需求侧管理方面

传统的需求侧管理主要集中在负控管理和远程抄表计费两方面，以价格手段引导用户优化用电方式、促进节能环保，最终实现负荷曲线的平滑，出发点是基于对大电网的保护，根据电网需求管理用户的用电习惯。但在能源互联网中，未来的需求侧管理与微电网密不可分，因此应着重实现“三化”：

一是场景化，以用户的视角出发，对用电行为进行聚类分析，构建典型应用场景，分析其可能对电网带来的影响，设置针对性响应机制，并逐步与社交网络深度融合，多维度促进用电习惯的改变；

二是平台化，统筹原本割裂孤立的各个领域，从电源侧、智能控制侧及用户侧三个部分提供综合能源服务，推动多种类型能源的横向跨界融合与优势互补；

三是数字化，以智能电表、电动汽车等载体作为能源路由器，搭建工业4.0下的“互联网＋”数据平台，充分挖掘用能信息，通过电力地图监测全景能耗，构建实时、高效、交互的能源网络。

（五）工程建设运维方面

参与主体主要有可能来源于设备制造厂商、电网企业旗下的三产或集体企业、其他基础建设类的相关产业。主要业务可能包括勘察设计、电力工程与试验、用户工程施工、运维托管、应急抢修等。作为产业延伸链条上的一部分，最好的出路是与配电网建设运维、竞争性售电、微电网及需求侧管理等紧密关联、相辅相成，为客户提供便捷高效的一条龙服务，也能成为竞争主体的加分项，是打造综合能源服务商品牌中不可或缺的一部分。

（六）电力金融和行业咨询方面

电力金融需要等待整体政策的出台，在大环境下自然而然会实施，另一方面需要在政策准许范围内，逐步开展投融资和相关金融领域的服务，甚至可以成为用户征信的重要组成部分；行业咨询方面则是附加的衍生物，是产业链末端的产物。

目前国际上新加坡、日本、欧洲等不少国家的电力公司均有所开展，将多年以来在技术和管理等核心业务上的宝贵经验进行打包出售，未来某一天将会是新的利润增长点。

意欲成为综合能源服务商的新电改参与者，需要尽早谋划筹备，评估行业优势，选择2～3个板块，打造适合自身特点的竞争性业务布局。

三、平衡存量和增量，拓展增值业务

综合能源服务涉及电、热、冷、气、水等多类工商业、居民直接利用的能源类型，跨越多个能源工业部门。针对存量市场和增量市场，主要有存量市场轻资产一体化和增量市场重资产一体化两种典型模式。存量市场和增量市场具有明显差异性，发展综合能源一体化应各有侧重。存量市场主要基于现有能源系统，重在运营管理一体化。增量市场主要是打破行业壁垒，重在规划设计、投资建设、运营管理全环节一体化。存量市场与增量市场对比如表5—2所示。

表5—2　　存量市场与增量市场对比

	现有能源系统约束	产权约束	其他约束
存量市场	已拥有完整能源供应系统，整体改造难度大、成本高	园区中电、气、热(冷)及企业内部能源系统的产权分属不同主体，深度整合难度大，一般只能对各个主体分开开展服务	企业进行持续生产活动，难以进行长期大范围的区域能源系统调整
增量市场	能源供应系统尚未建设，可进行一体化规划设计，确保系统高效稳定运行	无存量资产掣肘时，可通过合资等方式实现共建共享	企业持续入驻能源供应系统建设应与企业入驻速度相匹配

(一)存量市场轻资产一体化模式

对于存量市场，因地制宜，灵活发展，按客户意愿以签订合约等方式确保收益，若已有能源系统的产权较为集中，可以提供运营管理一体化服务，采用“管控平台＋新增设施＋部分改造＋专业服务”四位一体的模式。以构建综合能源管控平台为切入点，以开展能源统一管理和专业运营服务为核心，辅助开展节能改造和新建绿色高效设施。

(二)增量市场重资产一体化模式

对于增量市场，主要是打破行业壁垒，重在规划设计、投资建设、运营管理全环节一体化，重点从系统架构、规划设计、合作方式、运行方式这四个方面，打造重资产一体化服务。

新建园区、社区及其配套的商圈，以及新兴特色小镇等各类规模化增量区域，不涉及各类存量纠纷或者纠纷较少，易于培育新业态，打造新增长点，开展综合能源服务的灵活性较强，将是综合能源服务实践的首选，并可为现有能源需求存量区域起到良好先行的示范作用，为存量区域开发奠定良好基础。

综合能源销售基础业务和各类综合能源销售增值服务紧紧围绕客户的用能综合需求，是综合能源服务公司开辟终端用能市场的必要方式，要紧抓基础业务，扩展增值业务，增强客户黏性。

四、综合能源服务创新型营销①

综合能源销售业务直接解决用户用能基本需求，粘连用户，是首要深耕的业务类型，也为各类综合能源增值服务提供了首选客户群。各类综合能源增值服务在用户用能基本需求得到满足的基础上，深入分析用户用能和系统供能特点，通过用能设备改造、代理需求侧响应协议等多途径优化用户用能，创造能源消费增值收益，有利于稳固用户市场，增强客户黏性。具体策略如下：

1. 以客户为中心

提供综合能源销售基础业务及其增值业务的综合能源服务公司属于服务型公益企业，为客户提供用能服务，营销观念是营销策略开展的内在驱动力。

要树立以客户需求为中心的营销观念，以客户满意度为核心，增强营销人员的业务水平，提高服务意识、竞争意识，有计划地培训营销知识及业务技能，提高营销人员响应客户需求的速度，努力树立良好的企业形象。

2. 分析用户用能需求，设计能源套餐

梳理客户用能共性需求，根据供能系统供能特点，设计综合能源套餐、单项能源套餐、应急能源套餐、电动汽车充电服务等基础综合能源套餐，为客户提供广泛、全面的能源套餐，积极与客户签订长期能源供应合同，满足客户不同的基础用能需求，提供便捷的全方位供电、供热、供水、公共交通等综合能源服务，粘连客户。

---

① 赵云灏，刘亚玲. 综合能源服务兴起，6 招拓展市场[EB/OL]. http://www.solarpwr.cn/m.php?fid=0&aid=36793 &page=1.

3. 用能策略优化、需求侧响应等用能增值服务

建设客户用能监控分析平台，分析客户用能特点及系统供能特点，改造客户用能设备，建设余热回收利用设备，调控、运维空调、电动汽车、蓄热电锅炉等柔性负荷参与容量市场、辅助服务市场、可中断负荷项目，优化客户用能，代理参与需求侧响应，创造能源增值收益，增强客户黏性。

4. 融资租赁等金融服务

针对客户用能设备改造、余热回收设备建设、蓄热电锅炉购置等客户用能优化项目，提供融资租赁等金融服务，减少综合能源服务公司及客户的改造投资成本。

5. 客户细分，加强市场管理

开展用能客户等级细分市场研究，充分了解用户信息、需求以及市场变化，根据客户用能需求与系统供能特性关系、用能量、参与需求侧响应程度、用能策略优化程度等，设立金牌、银牌、铜牌等客户等级，制定对应的优惠服务，实现差异化服务，形成基于客户的市场活动管理。

6. 网络服务平台便捷服务流程

建设模块化、开放式，可应用于多类终端的综合能源服务公司网络服务云平台，收集客户需求数据，为客户提供便捷的用能特性分析、用能套餐选择、用能策略优化分析、需求侧响应、付费服务、返利服务等基础及增值服务；客户等级、需求侧收益显示；优惠活动提示；便捷综合能源服务公司定期、不定期拜访客户，客户意见反馈、回访等，便捷客户用能，提高用能体验，提高公司服务、管理质量，打造企业品牌。

综合能源服务作为新时代推进“四个能源革命”，是实现能源互联网的重要途径之一，结合新电改背景，已成为能源行业的新风口，在业务开展、行业监管等多方面需要相关行业多方探索、推进。

第六章○○○○○○○○○

综合能源服务市场客户需求分析

近年来，客户侧能源技术变革和信息通信技术的快速发展与推广应用，使终端客户能够通过优化能源供应结构，改变能源消费方式，达到经济、环保、安全等综合最优目标，催生了客户对能源服务的新需求，扩大了能源服务的新内涵，推动传统能源服务逐渐向综合能源服务的转变。

第一节　综合能源服务行业消费者认知①

技术的变化使能源消费者更加倾向于数字化服务渠道，经济的变化使消费者更加关心自身能源消费情况，而政策的变化则使消费者有了更多的选择。这些变化伴随着“千禧一代”（1980～2000 年出生人群）的崛起，使能源消费者需求呈现多元化趋势，关注点主要包括“简易消费”“个体消费”“价值消费”和“共享消费”4 个方面。

---

① 市场环境变化，能源行业颠覆力量兴起[EB/OL]. https://www.accenture.com/cn－zh/insight－zhanwang－energy－market－consumption.

1. 简易消费

“简易消费”:消费者希望产品和服务都变得更加简单。从全球来看,快速、简单、易行的服务成为全球能源消费者对能源企业最主要的要求,主要包括无缝的服务体验、多元化又互为支撑的服务渠道和更简化的APP。能源消费者希望获得无缝用户体验,无缝用户体验包括不同渠道中相同的服务体验、轻松的交易过程以及在不同渠道中便捷的切换。与此同时,消费者开始对重复的APP感到厌烦。因此,APP的简化和消失也成为未来的趋势。

中国的千禧一代更容易接受新事物。如,66%的中国千禧一代更愿意使用APP、微信等网络方式与能源企业进行沟通,而上一代仅为10%。但从全球来看这两个数字为41%和8%。同时,中国的千禧一代也对服务水平要求更高,在与服务人员沟通时间上,中国两代人的时间差异为9.5分钟,而从全球来看这一时间差异仅为4.1分钟。

在对无缝客户体验、多渠道服务等方面,中国消费者与全球消费者趋势一致。此外,中国消费者还有如下两个特征:第一,对新业务很感兴趣,数字消费者有着更大的价值挖掘潜力;第二,对能源企业的服务要求更高但满意度并不高。在中国消费者选择权被放开后,这一趋势将会加强(见图6—1)。

2. 个体消费

个体消费,即消费者希望能源企业能提供基于用户洞察的个性化服务。从全球来看,个人信息的分享促进了个性化服务的发展,消费者对个性化服务的期望越来越高。与此同时,相关数据的安全性成为消费者关注的重点问题。

数字技术的推进,使消费者无意中提供了大量个人信息。通过对这些数据的获取和分析,企业将更了解用户,并可提供针对用户的个性化服务。基于用户行为预测的个性化服务变得越来越重要。

据某公司2012年新能源客户研究显示,60%的消费者对全面自动化的用电管理技术感兴趣,并且这一趋势日趋明显。2016年的研究发现,71%的消费者对能源供应商提供的个性化用户界面感兴趣;76%的消费者表示希望收到能源供应商根据其个人特征发送的新能源相关产品与服务通知。

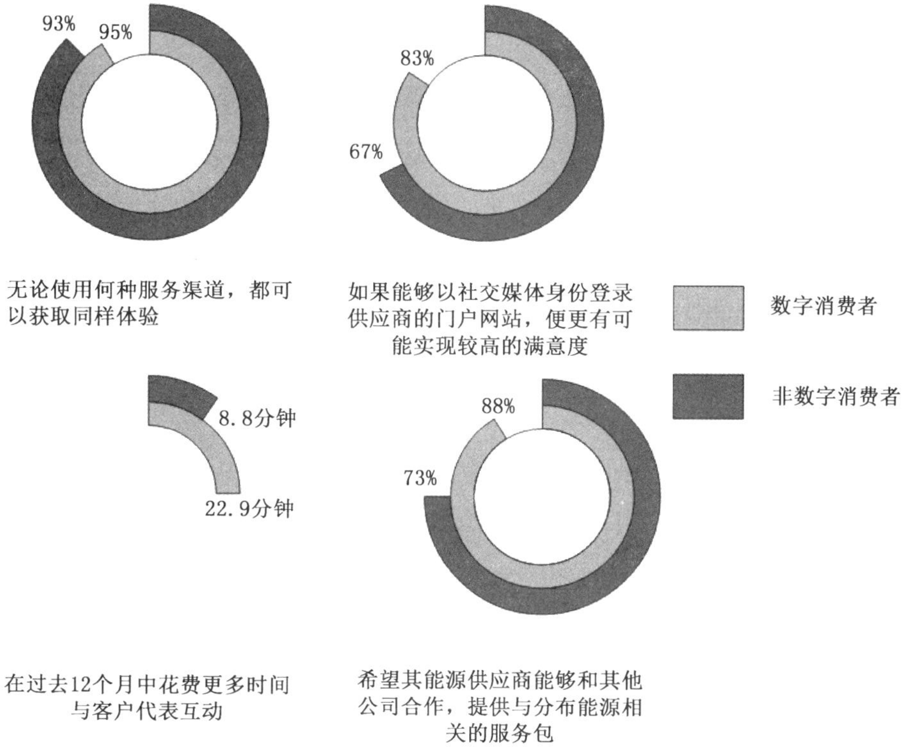

数据来源:2016 年埃森哲全球能源消费者调研中的所有中国受访者。

图 6—1 中国消费者(数字及非数字)对客户服务渠道要求

但与此同时,数据保护与安全也成为能源企业重要的社会责任。如果在收集、存储和控制数据方面失去用户信任,能源企业不仅将失去业务,还会产生法律问题。

与全球相比,中国消费者对个性化服务要求也较高。在中国,95%的用户表示如果能源企业可以提供个性化用户体验,他们将更满意,而 84%的用户表示会因为能够提供个性化服务而选择数字渠道,而在全球这两个数字是 92%和 78%。

3. 价值消费

"价值消费":让能源消费变得有意义,"用能"不仅是用能,还代表了价值观。从全球范围来看,"商品之外的价值"成为消费者用能时的考虑重点,消费者越来越关注具备节能、绿色、环保等“有意义”特征的服务，并且希望由其能源服务商提供这些服务。

根据调查结果，57％的消费者希望能源供应商与其他企业合作打造分布式能源相关的一揽子服务，帮助消费者发电与储电。75％已就业成年人指出，他们不惜支付更高的价格，选择致力于环境保护和关注社会价值的商家。

各国针对可再生能源的激励政策以及对碳排放的要求，也推动了用户对可持续发展能源产品的偏好。同时，由于补贴的存在，部分原来不能承受高价“绿色”能源的用户也开始偏向这些产品和服务。

鉴于此，能源企业可以考虑提供多种“商品之外的价值”，如环保生产、社区支持、慈善项目等。同时，充分了解消费者的需求并对其提供充分的信息，使其了解这些产品及价值，也可以帮助企业更好地推销这些产品。

中国的能源消费者中，更多的人对光伏、能源管理系统、智能能源控制等“有意义”的服务有兴趣，但并不想让原来的能源服务商来提供这些服务。至少从数据看来，传统能源企业并非中国消费者青睐的新型服务提供者，这对电力公司来说并非是好的现象。

不过，中国能源消费者也并非“化外之民”，与全球能源消费者一致，他们也愿意购买环保、节能等具有社会价值的产品。同时，经济形势的变化，使消费者更加重视节约能源消费支出，因此中国消费者偏好于节能产品以及有可再生能源补贴的“太阳能”产品（见图6—2）。

4. 共享消费

“共享消费”：信息分享与资源共享。从全球范围来看，消费者的信息分享和资源共享使用户可以有更大的议价能力，也使消费者无须购买资产却仍可以享受服务，虽然在能源消费过程中，这一趋势尚未凸显，但消费者也意识到，通过信息分享和资源共享，在充分竞争的市场上，可将个人议价能力提升为“集合议价能力”，从而提升收益或降低成本。

同时，用户“热爱分享”的趋势，使社交网络平台成为能源供应商的有力工具。企业可以通过社群平台推出特别优惠、忠诚度计划及类似活动，还可利用

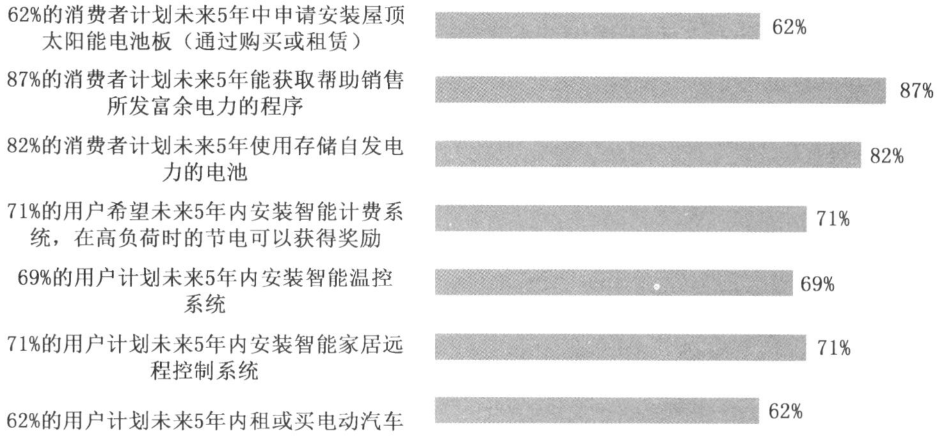

数据来源：2016年埃森哲全球能源消费者调研中的所有中国受访者。

图6—2　中国能源消费者对"新能源"服务态度

这些渠道收集消费者反馈，了解其需求和预期，从而评判消费者情绪，识别有关媒体和客户服务问题。

但在这些平台帮助能源供应商改善运营、创造机会的同时，也为其业务带来了日益严峻的威胁。比如用户间的光伏共享计划，埃森哲2016年新能源客户研究结果显示，47%的消费者对第三方管理的社区太阳能项目感兴趣。另一个威胁来自打包性的服务，设备厂商将单纯的能源设备"产品"整合为一套能源"服务"，在新的方向上与能源企业竞争。比如GE的LED项目，不再单一出售LED灯，而是整合储能、分布式光伏等多种服务，出售给客户。

第二节　用能客户市场细分

综合能源服务市场涉及范围广泛，潜在客户种类繁多，市场发展潜力巨大。开展综合能源服务，将服务触角进一步延伸至客户内部，一方面提倡"节约的能源是最清洁的"，有效推动节能减排；另一方面，可以通过在客户侧实施电能替代，优化能源结构，促进能源消费更清洁低碳。开展综合能源服务有助于满足客户的核心诉求。不同的客户对于能源服务有着不同的需求，但最终目的都是节能降耗、提高效益。开展综合能源服务，将以客户需求和实际情况为基础，推动水、电、气、冷、热等多种能源在生产、运输、转化和综合利用等环节相互协调，寻找最优解决方案，以实现提高用能效率、降低能源损耗和减少污染排放的目的。所以，要做综合能源服务，战略规划上需要进一步明确，你的细分客户对象是谁，需要把具有类似服务需求和可以标准化的产品服务进行归类，然后尽量降低边际成本以保持竞争力。

大型建筑、产业园区和工业企业是我国未来一段时期适合开展综合能源服务的重点对象。这类客户资源优质、能源价格高、能源需求巨大、用能形式丰富，能够取得较好的经济、环境、社会效益。从能源价格来看，我国工商业用户的电力、天然气、热力价格明显高于居民，如表6—1、表6—2、表6—3所示。从能源消费来看，公共建筑、产业园区和工业企业是我国未来一段时期能源消费增长的主要聚集区。从用能形式来看，公共建筑、产业园区和工业企业具有电、冷、热等多种需求，存在多能互补、集成提效空间。

表6—1　　各地电价　　单位:元/千瓦时

地 区	大工业(35kV)	一般工商业(10kV)	居 民(第一阶梯)
北京	0.657 0	0.844 7	0.488 3
上海	0.646 0	0.833 0	0.617 0
江苏	0.626 8	0.760 7	0.528 3
浙江	0.634 4	0.771 6	0.538 0
山东	0.602 2	0.718 5	0.546 9
河南	0.596 0	0.711 5	0.560 0
四川	0.557 4	0.792 5	0.522 4

数据来源:各省市发改委相关文件。

表 6－2　各地气价　　单位：元/立方米

地　区	工商业	居民(第一阶梯)
北京	3.22	2.28
天津	2.66	2.40
郑州	2.78	2.25
上海	3.56	3.00
南京	2.98	2.50
杭州	3.27	3.10
成都	2.98	1.89
广州	4.25	3.45

数据来源：HIS，2017 年 12 月数据。

表 6－3　热价

模　式	居　民	非居民
以面积定价	每个采暖季 16～40 元/m^2	每个采暖季 30～45 元/m^2
以量定价	0.1～0.25 元/m^2	0.13～0.36 元/m^2
两部制定价	基础热价 6.8～8 元/m^2 以量计价约为 0.2 元/m^2	基础热价 10～12 元/m^2 以量计价约为 0.3 元/m^2

数据来源：各省市物价局相关文件。

从能源需求以及电力市场发展等各方面因素考虑，综合能源服务面对的主要对象是工商业用户，还没有涉及居民用户。毕竟工商业用户的用电量大致占全国用电量的 70%，在综合能源起步阶段要将综合能源服务市场做大，最有效的方法就是打造一批规模可观、模式典型的示范项目，可扩大影响力，形成示范效应。目前，具有代表性的市场客户群体主要有以下三类：大型公共建筑类、产业园区类、工业企业类。

一、大型公共建筑类

当前，全国总能耗的 30%是各种建筑的总能耗之和，而全国所有的大型公共建筑的总能耗则占了 30%的总能耗中的大多数。在我国，大型公共建筑的单位面积的能耗是个人居住建筑的单位面积能耗的数倍，其成为综合能源服务重点的对象。大型公共建筑类主要包括以下几类：

1. 大型商场

大型商场一般选址于商业中心、交通要道等，作为主力店吸引着人流，国内典型的有欧尚、沃尔玛、大润发等。此类商场营业期间一般人流量较大，为保证其正常营业以达到经济利益，其能量的供应必须得到可靠保证。大型商场负荷的主要特点有：(1)用电高峰集中在营业活动频繁的9：00～22：00；(2)商场用电的高峰负荷与低峰负荷都相对平稳；(3)日负荷曲线的峰谷差很大；(4)空调负荷比重较大。

2. 写字楼

写字楼是专业的商业办公用楼的别称。写字楼原意是指用于办公的建筑物，或者说是由办公室组成的大楼，1971年，Rhodes和Kan提出："写字楼的作用是集中进行信息的收集、决策的制定、文书工作的处理和其他形式的经济活动管理"。写字楼市场流行两大评定标准，一是甲级写字楼；二是5A写字楼。所谓甲级写字楼，实为一种通行叫法，并没有固定标准，因为谁也不愿意被叫成乙级写字楼。所谓5A，是指智能化5A，包括：OA(Office Automation)，办公自动化系统；CA(Communication Automation)，通信自动化系统；FA(Fire Automation)，消防自动化系统；SA(Security Automation)，安保自动化系统；BA(Building Automation)，楼宇自动控制系统。从这个定义就可以看出5A写字楼的发展趋势与综合能源服务商的发展目标是不谋而合的。

3. 星级酒店

酒店是公共建筑中的重要组成部分，而且这些酒店建筑规模大，功能复杂，已经成为耗能大户。然而，对于此类大型公共建筑能耗的系列数据采集工作在很多地区尚未开展。由于我国幅员辽阔，从西到东，从北到南，气候条件差异很大，经济文化发展水平也不平衡。因此，只有对各个典型地区的各类典型建筑的能耗结构进行具体调查和分析，才能使优化设计和运行管理、节能改造以及设备更新等工作有据可查，经济效益才能充分显示。与其他公共建筑相比，酒店建筑是公共建筑中较特殊的一类建筑，这些特殊性包括：不同功能的设备运行时间不同；不同酒店的餐厅数、洗衣房、商务中心房间等数量不同；一年中客房入住率是不断变化的；不同的客人对室内环境参数的要求不同等。因此这必然会导致酒店建筑能耗特点的复杂性和特殊性，所以更加需要综合能源服务系统对其进行全方位的服务。

4. 会展中心

2017 年，国内展览市场的持续升温，带动展览馆建设掀起一波热潮，而新建场馆的健康运行也推动了展览市场的蓬勃发展，形成良性循环。2017 年中国展览馆的数量与面积均保持增势。据统计，2017 年国内展览馆数量达到 153 个，比 2016 年增加 10 个，增幅约 7%；室内可租用总面积约 935 万平方米，比 2016 年增加 113 万平方米，增幅约 13.7%。同时，2017 年全国展览馆市场租馆率提升明显。据统计，2017 年，我国共有 100 家展览馆租馆率提高，占比达到 65%，有 7 个展览馆租馆率在 50%以上，比 2016 年增加 5 个，约占展览馆总数量的 5%。上海新国际博览中心租馆率最高，达到 62.57%，比 2016 年增加 8.16 个百分点；国家会议中心位居其次，达到 59.50%，比 2016 年增加 11.44 个百分点。

未来我国经济将逐渐由高速增长阶段向高质量发展阶段转变，经济结构加快调整，与世界各国的经济贸易将进一步加强，这将为我国展览业的发展注入更强的增长动力，我国展览业将继续保持健康、稳步发展态势。一批类似“广交会”“厦洽会”“医博会”等具有国际影响的知名品牌展会将不断涌现，展览业专业化、市场化和国际化水平将不断提高。首届中国国际进口博览会的举办已经成为世界各国展示国家发展成就、开展国际贸易的开放型合作平台，成为我国践行新发展理念、推动新一轮高水平对外开放的标志性项目。展览业的价值主要通过展示的技术化、专业化和商品化来实现，其价值链的融合也要以展示为基础，因此围绕营销、体验和创意等途径，展览业可与其他产业实现产业融合。2018 年，会展业已经与以下产业实现融合，延长国内产业链。

一是充分利用会展业的营销功能，加速与一般产业的融合发展。例如，龙头企业、行业协会可通过举办专业产品展览，实现产业融合；政府可通过举办地方性产业展，推动产业集聚，提升城市及产业知名度。

二是积极推动展示技术发展，实现与通信、传媒、出版等产业的融合发展。例如，借助技术融合路径，实现线上线下会展协调发展；借助数字技术（如 VR 技术、3D 技术等），增强客户体验感，提高展示技术。

三是发挥会展的体验路径优势，增强与旅游、休闲等产业的融合发展。促进会展业与这些产业的融合，形成会展旅游、会展休闲等，不仅能够拉动这些产业的发展，还可以丰富人们的旅游、休闲体验。

四是挖掘会展业的创意路径，加快与文化创意产业的融合发展。创意本身需要通过展示获得认可，需要通过活动交流形成创意碰撞，创意需要一定的聚集空间、特殊的氛围和有组织的活动，推动创意文化与会展融合发展，加快创意园、创意展、创意会等会展文化产业的发展，将是未来会展业融合发展的重要方向之一。

会展中心迅猛的发展势头与其经济等方面的推动作用都引起了广泛关注，因此其能耗管理也将是综合能源服务的重点对象之一。

5. 大型场馆

随着大型场馆经营理念的拓展、社会需求的多元化、建筑技术的革新，近些年新建的场馆已突破了承办体育赛事的基础性功能的限制，成为集体育竞技、文艺演出、展览会务、健身娱乐、广告开发、宾馆餐饮、购物休闲、都市旅游为一体的大型综合性体育文化中心，其功能的多元化使场馆以大型文体活动为主营业务的内容产业地位更加突出。大型场馆是多用途建筑的集合体，可满足大型体育赛事、文化演出、健身、娱乐、广告、会务会展、餐饮、酒店、旅游、商务等多种活动。大型场馆与普通健身性场馆最主要的区别在于：大型文体活动是场馆的主营业务，是场馆运营的核心内容，其附属的票务开发、特许经营、无形资产开发等都是围绕大型文体活动进行的。说到底，场馆运营内容产业是指场馆为社会提供以大型文体活动为核心产品和服务的活动，以及与这些有关联的活动的集合。

场馆内容产业建设程度对于场馆运营具有十分重要的意义。随着改革的深入和市场的发展，场馆经营者从场地空间的出租者出发，开始积极扩展经营范围，提供多元化的产品和服务，不仅改善了经营状况，也扩展了产品链，部分有实力的场馆开始涉及体育产业之外的其他产业，如休闲娱乐业、餐饮业、酒店业、文化演艺业、快消品服务业、广告业、会展业、旅游业、房地产业等行业，但在其核心业务的大型文体活动内容产业上则有待提高。

随着我国综合国力的不断提升，国内举办各项国际赛事也不断增多，大型场馆的建设与发展也在稳步提升。而大型场馆的能耗问题也将成为未来的重点研究对象。

二、产业园区类

产业园区可以定义为一大片土地细分后进行开发，供一些企业同时使用，以利于企业的地理邻近和共享基础设施。企业进入产业园区不仅可以共享基础设施和各类服务，还可能因配套企业或合作企业的地理邻近而降低物流成本甚至交易成本。产业园区作为一个具备功能布局合理、结构层次优化、产业特色鲜明的工业集聚发展区域，是工业化进程带来的特定产物。因此，产业园区的发展是未来国家重点发展的对象，产业园区必然会成为综合能源服务对象的重点之一。如表 6—4 对产业园区进行如下分类。表 6—5 对国内各地产业园区进行了分类。

表 6—4　　产业园区分类

分级		发展潜力				
		好	较好	中等	较弱	弱
现有基础	好	优化发展园区	优化发展园区	重点转型发展园区	重点转型发展园区	精细化发展园区
	较好	优化发展园区	优化发展园区	重点转型发展园区	重点转型发展园区	精细化发展园区
	中等	重点升级发展园区	重点升级发展园区	重点升级发展园区	重点转型发展园区	调整发展园区
	较弱	重点升级发展园区	重点升级发展园区	精细化发展园区	调整发展园区	调整发展园区
	弱	精细化发展园区	精细化发展园区	调整发展园区	调整发展园区	调整发展园区

表 6—5 国内各地产业园区分类

产业园区分类	产业园区
优化发展园区	北京中关村科技园区、天津经开区、上海张江高新区、宁波石化经开区、湖北武汉经开区、武汉东湖高新区、天津滨海高新区
重点转型发展园区	山东淄博高新区、太原经开区、海南洋浦经济开发区、鹰潭高新区、江西赣州经济开发区
重点升级发展园区	湖南娄底经济开发区、湖北黄石经济开发区、景德镇高新区、黑龙江大庆高新区、福建泉州经开区、合肥经开区、西安经开区
精细化发展园区	重庆长寿经开区、柳州高新区、贵州高新区、河北沧州临港经开区、银川高新区
调整发展园区	宝鸡高新区、昆明高新区、甘肃金昌经开区、新疆石河子经开区、拉萨经开区、河南濮阳经开区

1. 优化发展园区

这类园区发展基础好，经济规模大，增长效益不错，公共服务平台和基础设施发展完善，园区形成了独特的产业和品牌特色，具备参与全球产业分工与协作的有利条件，且各方面发展潜力巨大，在创新、绿色和信息化方面发展都较为成熟，整体综合发展水平高，未来极有可能成为全国领先发展的示范型产业园区。典型代表园区有北京中关村科技园区、天津经开区、上海张江高新区、宁波石化经开区、湖北武汉经开区、武汉东湖高新区、天津滨海高新区。

2. 重点转型发展园区

这类园区从整体上说综合发展水平较好或中等，从分项来说发展基础较好，经济规模较大，配套服务相对完善，产业集群、扩散与孵化功能基本形成，但园区未来整体发展潜力处于中等水平，园区内企业及服务平台需要在创新、两化融合、绿色发展等方面重点转型提高，提升园区竞争优势，推动园区发展。典型代表园区为山东淄博高新区、太原经开区、海南洋浦经济开发区、鹰潭高新区、江西赣州经济开发区。

3. 重点升级发展园区

这类园区从整体上来说，综合发展水平较好或中等，从分项来说具有初步的发展基础，但还未形成较大的行业影响力，园区具有独特的行业特色和发展潜力，多为朝阳型新兴产业，园区内企业在创新、绿色和两化融合方面都具有较大的发展潜力，在未来的发展中，需要进一步夯实产业规模基础，升级园区经济规模，完善公共服务设施，将园区的发展潜力更好地激发出来。典型代表园区为湖南娄底经济开发区、湖北黄石经济开发区、景德镇高新区、黑龙江大庆高新区、福建泉州经开区、合肥经开区、西安经开区。

4. 精细化发展园区

此类园区从整体发展看综合水平处于中等或较差，从分项发展看，往往是“偏科”较为严重的园区，在发展基础和发展潜力两大方面存在明显的“短板”，某一方面处于较弱或者弱的发展水平，限制了另外一方面的发展，未来园区在发展和管理上需要精细化地、有针对性地解决问题，推动园区可持续发展。典型代表园区为重庆长寿经开区、柳州高新区、贵阳高新区、河北沧州临港经开区、银川高新区。

5. 调整发展园区

此类园区从整体来说，综合发展水平较差或者差，从分项来说在发展基础和发展潜力上都相对较弱，虽形成了一定的产业集聚，但发展效益差，发展潜力十分有限，未来需要调整现有发展模式，寻找园区发展的着力点和抓手，推动园区发展。典型代表园区为宝鸡高新区、昆明高新区、甘肃金昌经开区、新疆石河子经开区、拉萨经开区、河南濮阳经开区。

三、工业企业类

2017～2018 年前三季度工业发展呈现稳中有进、结构趋优、动能集聚、协同开放的良好发展格局。对于我国目前的工业企业发展现状，可以将其分为传统工业和新兴产业两大类来分析。

1. 传统工业保持基本稳定

从三大行业门类看，2018 年前三季度，制造业、电力、热力、燃气水生产和供应业增长快于总体工业增长，分别同比增长 6.7%、10.3%，快于总体工业增速 0.3、3.9 个百分点，采矿业增加值则同比增长 1.8%，相比 2017 年，采矿业由负转正。原材料行业增长回暖。2018 年前三季度，煤炭、石油、有色金属、非金属矿开采业实现由负转正，总体回暖，下游加工业增速也随之加快，黑色金属和有色金属压延加工业增长较快。消费品工业总体稳定。医药、农副食品加工业、烟草制品业、酒、饮料和精制茶制造业等增长较快，增速高于总体规模以上工业增加值增速，家具制造、皮革、毛皮、羽毛及其制品和制鞋业增长稳定，相对而言，纺织业增长较为缓慢。①

2. 新兴产业引领工业发展

近年代表国家竞争力、技术含量较高的新兴产业对工业的支撑作用不断增强，2017 年高技术制造业、装备制造业增加值占规模以上工业增加值的比重已达 12.7%和 32.7%。新兴产业对工业增长的引领作用也不断提升，2018 年前三季度规模以上工业中，高技术产业、战略性新兴产业、装备制造业增加值同比增长 11.8%、8.8%、8.6%，比 2017 年(11.0%、13.4%和 11.3%)分别提高 0.8 和降低 4.6、2.7 个百分点。高技术产业利润、投资增长快速，2017 年全年高技术产业投资42 912亿元，比上年增长 15.9%，占固定资产投资(不含农户)的比重为 6.8%，高技术产业发展持续活跃。图 6—3 展示了 2015～2018 年各类工业的增加值的增速情况。这些不同种类工业的发展趋势也代表了我国工业未来的耗能趋势。

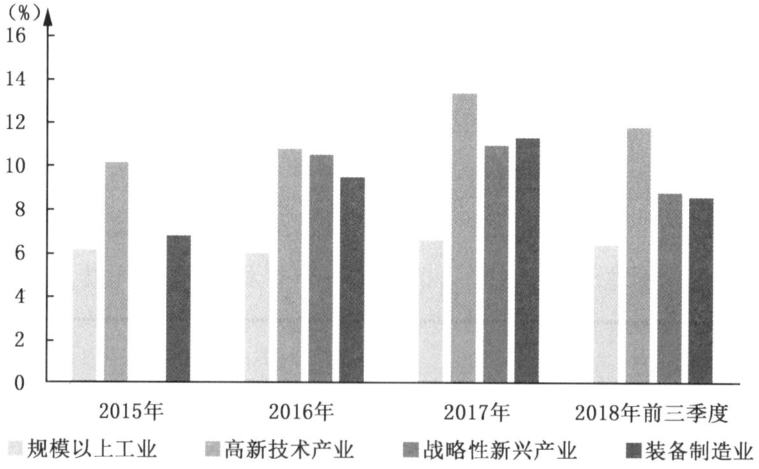

图 6—3 高新技术产业、战略性新兴产业、装备制造业规模以上工业增加值增速

① 中国信息通信研究院. 中国工业发展研究报告 2018[EB/OL]. https://www.innovation4.cn/library/r33544.

第三节　客户用能需求分析

当前讨论的综合能源服务中的关键业务包括：供电、供气、供热、供冷、节能服务、分布式能源、储能、微电网、电气化交通、充电桩以及供气、供水等管廊基础设施。综合能源服务整合了不同的能源服务业务，具有更多的利润增长点，易于形成规模效应，有效降低成本，市场潜力巨大。

一、需求类型及规模

（一）大型公共建筑类用能需求分析

我国建筑能耗快速增长，其中大型公共建筑能耗占比和强度最高。2016 年我国建筑总面积约为 581 亿平方米，总能耗约为 9.06 亿吨标准煤。其中公共建筑面积约 117 亿平方米，能耗约 3.6 亿吨标准煤，单位面积能耗约为 30 千克标准煤/平方米，显著高于其他类型建筑。据相关资料统计，发达国家的大型建筑能耗一般占全国总能耗的 30%～40%，而我国大型建筑能耗在我国能源总消费中所占的比例已经达到 27.6%，会逐步上升到 35%左右。结合发达国家经验，在不增加投资的前提下，大型建筑节能潜力在 30%～50%。为了更好地开展综合能源服务，对大型公共建筑节能进行工作，综合能源服务企业必须详细

图 6—4　大型公共建筑能耗种类

掌握建筑的各种能耗信息，并通过对这些能耗信息进行分析来发现建筑用能所存在的问题，为以后的节能管理和节能改造提供依据。大型公共建筑的能源消耗种类较为单一，大致分为 5 类：电能、水能、燃气、集中供热、集中供冷（见图 6—4）。

下面以商场、星级酒店为例具体分析其用能特点。

1. 商场用能特点

商场营业时间通常为 9：00～22：00，每天多达 12 小时以上，而且全年基本没有节假日，因此其单位面积能耗在大型公共建筑中是最高的。另外，据相关研究机构对各大型商场作耗能对比研究，结果显示各商场之间耗能差异较大。

以某大型商场为例，具体分析其用能情况。如图 6—5 所示，商场用电量中，空调系统用电所占比重最大，达到 50%，其次为照明系统，达到 40%，其余为电梯用电。而在空调系统中，制冷机电耗占 23%，冷水泵、冷却水泵和冷却塔电耗合计占 11.6%，大型商场空调基本采用全空气系统，空调箱风机全年运行，因此商场空调系统中空调箱风机电耗所占比重最大，达到了 65.4%。

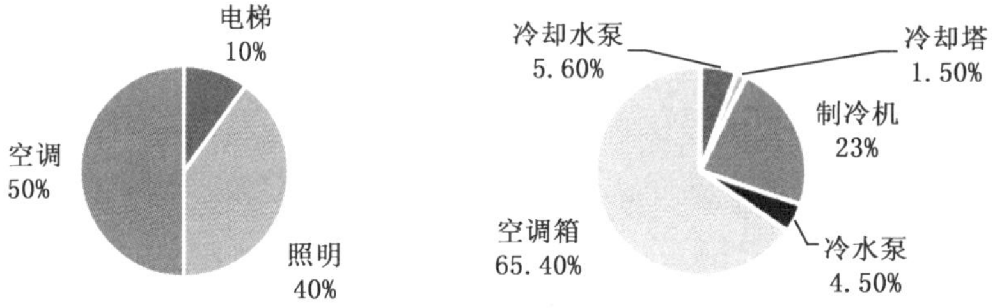

图 6—5　商场各设备以及空调系统各设备耗电比例

2. 星级酒店用能特点

星级酒店与商场和写字楼不同，虽然营业时间长，但是由于受到旅游季节变化和入住率波动的影响，多数时间是在部分负荷下工作。星级酒店全年用电量为 96～200kWh/m^2。

以三峡库区城市酒店为例，其主要消耗能源类型为电、天然气、油，其中电占据了主导地位，主要用于酒店的暖通空调设备（HAVC）运行、照明、动力设备以及其他电器设备等；天然气主要用于餐厅、热水供应以及冬季供暖；而油只有冬季供暖采用燃油锅炉的一些酒店使用。为了分析使用能源类型的结构，对酒店用电量、天然气消耗量和其他燃料消耗量的情况进行了统计分析，最终计算得到三峡库区城市酒店不同类型能源消耗平均比例如图6—6所示。

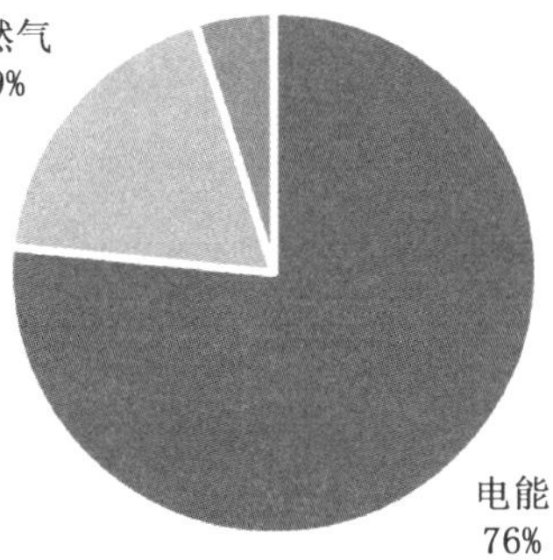

图6—6　三峡库区城市酒店建筑能耗比重分布

通过各项调查数据统计处理，总结星级酒店用能特点如下：

第一，酒店电能每年的消耗趋势基本相同，电能消耗分3个阶段：

(1)低谷段：为每年冬季，最低峰多在11月至来年2月。

(2)高峰段：高峰一般在7月和8月，即制冷季。

(3)过渡段：过渡上升期为5月和6月，过渡下降期为9月和10月。过渡段的特点，从地域上看，南、北方的过渡上升期能耗增加规律基本相同，过渡下降段差别明显，北方严寒过渡下降期(如哈尔滨、北京)早于南方，从曲线上表现为下降段较陡峭。

第二，照明和动力等电能消耗的特点如下：

(1)照明用电占酒店电能消耗的33％～43％；平均为38.5％。

(2)空调系统占酒店电能消耗的27％～41％，平均为31.7％；与制冷期长短存在正相关关系，制冷期越长，占比相对较高，反之较低。

(3)厨房用电占酒店电能消耗的13％～23.5％，平均为17.7％。

(4)动力用电占酒店电能消耗的8%～16%,平均为12.1%。

(二)产业园区用能需求分析

目前国内推行的产业园区大多强调同类产业的集群效应。如图6—7所示,截至目前,我国已有国家级经济技术开发区218个、高新区129个,各类省级产业园区1 167个,各类市县级产业园区数以万计。长三角、珠三角、环渤海地区是我国产业园区分布最为密集的区域,同时也是环境需求度高的地区,未来潜力较大。以当前经济开发区数量为例预估,2020年前仅供能系统改造的规模就至少在149GW。

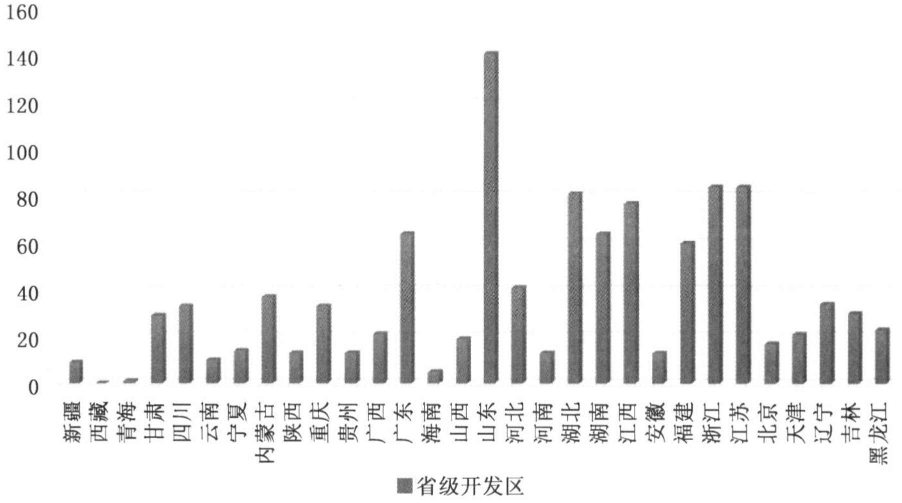

图6—7　国内产业园区分布

国内典型产业园区重点发展产业包括装备制造业、石化精炼、制浆造纸、电力产业、有色产业、烟酒产业、钢铁冶金产业、建材产业、煤炭产业、医药、食品加工、旅游商品特色产业、污水处理以及电子信息、新材料、生物技术、节能环保、新能源等新兴产业。因此,根据产业园区产业规划布局,园区中产业大致可归类为3种类型:离散制造业、过程工业和新兴研发产业。表6—6预估了各级产业园区2020年的供能系统改造规模。

表 6—6　2020 年产业园区改造规模

开发区级别	个数	2020 年前做供能系统改造的比例（仅作参考）	单个开发区的改造规模（仅作参考）MW	2020 年前总规模 GW
国家级	347	30%	500	52
省级	1 167	20%	200	47
市县级	10 000	10%	50	50
总计	115 14			149

1. 离散制造业用能需求分析

离散制造业主要包括通信设施、航空航天、电子设备、机床、汽车、各类型家电、玩具制造业以及服装等产业类型，其产品大多是由零部件组装起来的、具备使用功能的某种物品，消耗的能源以生产加工设备耗用的动力为主，主要消耗电能；但是该类型产业园区厂房的采暖和空调往往占总能耗比例较大。

上述园区产房用能的特点基本与建筑物终端用能相近，其中，用电耗能占总能耗约 14%，采暖空调和热水供应用能约占 80%。在我国北方地区，终端用能需求的热电比约为 5.7。在南方地区，如果同时采用余热锅炉的蒸汽溴化锂吸收式制冷与电制冷以及低温余热供热水，其用能需求的热电比将远大于 3。

2. 过程工业用能需求分析

过程工业包括电力、冶金、化工、建材、造纸、食品、医药等工业类型，其原料和产品一般都是具有特定功能和性质的材料或者物料。实际上，我国产业结构中，过程工业的耗能总量远大于离散制造业耗能总量，而过程工业终端用能的构成中，用电占总耗能比例较小，其热电比一般大于 3。过程工业的用热需求当中，蒸汽一般占比较大，其次为物流加热。针对不同的工业过程，用热需求的温度范围差异性较大。如，建材工业用热范围为800～1 000℃，而食品工业用热一般在 100℃左右；炼油工业用热需求范围较广，为 10～500℃。

工业用冷需求的温度范围也很广，从乙烯工业、空气液化分离过程约－180℃的冷需求，到 0～20℃的一般浅冷需求都有。

与建筑物终端能源需求相比，工业用能需求更大。工业用能需求占我国总能耗 40%以上,其热电比与建筑物终端能源需求相比更大。以炼油工业为例,包括蒸汽需求和热需求在内的热电比一般也大于 3。

3. 新兴研发类型产业用能需求分析

对于园区中电子信息、新材料、生物技术、节能环保、新能源等新兴研发类型产业,使用生产用蒸汽的概率不大,即使有生产用蒸汽负荷,蒸汽用户点也会很分散,每个热用户的蒸汽用量估计不会太大。考虑到生产和输送蒸汽的经济性,分散的蒸汽用户可采取燃气、电等小型热源解决。

因此,产业园区大部分用热、用冷需求都是可以通过多能互补集成综合能源技术来生产和提供的。园区多能互补综合能源供能方式不仅可提高分布式能源转换效率,而且可通过更高层次上的集成优化最终提升能源终端利用效率,从而实现最大的经济效益。①

(三)工业企业类用能需求分析

工业园区数量众多,能源消费量大,增长速度快。据不完全统计,各类园区内集中了我国 70%的工业用能。以电力口径计算,目前单个园区年用电量 1.7 亿~11.3 亿千瓦时,预计每年新增用电量约 400 亿千瓦时,占全部新增电量 10%左右(按典型单个园区用电量中位数 5 亿千瓦时计算新增园区总用电量;用电占比按 2017 年全国新增用电量3 889亿千瓦时测算)。综合内外部环境和支撑因素,工业用能预计 2018 年全年规模以上工业增加值增长 6.3%左右,2019 年预期与 2018 年略有下降,预期增长 6%左右。中国工业节能行业具有周期性、区域性或季节性等特征:国家已将节能列为中长期国民经济和社会发展规划的重要内容,钢铁冶金、有色金属、石化、建材等重点耗能行业存在极大的节能需求,工业能效管理行业市场前景广阔,产品的应用范围较广。下游行业中的钢铁冶金、煤炭矿山等虽属于强周期性行业,存在一定的短期波动,但长期来看该行业的节能需求呈上升趋势,因此,工业节能市场长期向好。整体工业用能需求规模分析如表 6—7 所示。

---

① 三种典型产业园区的综合能源需求[EB/OL]. http://www.escn.com.cn/news/show—552906.html.

表 6—7　　工业企业用能需求分析

类别	化工	炼油	造纸	食品	金属
用能特点	电负荷、蒸汽负荷全年稳定；采暖热负荷、冷负荷随季节波动	电负荷、蒸汽负荷全年稳定；采暖热负荷、冷负荷随季节波动	电负荷、蒸汽负荷全年稳定；冷负荷随季节波动	电负荷、蒸汽负荷全年稳定；采暖热负荷、冷负荷根据不同食品加工厂变化	电负荷、蒸汽负荷全年稳定；采暖热负荷、冷负荷随季节波动
主要传统用能方式	市电＋锅炉	市电＋锅炉	市电＋锅炉	市电＋锅炉	市电＋锅炉
行业能耗/全国总能耗	25％	16％	1％	1.5％	18％
发展潜力	5 颗星	5 颗星	4 颗星	3 颗星	5 颗星
可采用能源服务模式	分布式能源系统；低温余热溴化锂机组；电力需求侧管理；合同能源管理（EMC）模式；电力需求侧管理；合同能源管理（EMC）模式	分布式能源系统；低温余热溴化锂机组；合同能源管理（EMC）模式	热电联产；合同能源管理（EMC）模式	热电联产；生物质能利用；电力需求侧管理；合同能源管理（EMC）模式	分布式能源系统；低温余热溴化锂机组；合同能源管理（EMC）模式
2020 年前可改造规模预估 GW（按总能耗 15％）	46.5	29.7	1.9	2.8	33.4
	共 114.3				
优先级别	化工、炼油、金属＞食品＞造纸				

1. 原材料行业用能基本稳定

2017 年以来，在煤炭、钢铁等领域“去产能”取得阶段进展和原材料行业需求回暖的影响下，原材料行业增长总体较快，石化、钢铁、煤炭等趋向行业恢复性增长，部分行业部分月份增速达到数倍增长。2018 年以来，部分原材料行业出现回调，2019 年回调趋势将持续，并趋于稳定，受需求拉动和去产能阶段性成效持续影响，景气程度仍然较好，预计 2019 年比 2018 年增速稍有下降，保持总体稳定，适度增长。预计 2019 年原材料行业增长 5％左右。

2. 装备行业用能增长总体较快，稳中略降

总体 2018 年机械工业延续了 2017 年平稳的增长态势，主要经济指标增速略低于 2017 年水平，预计 2019 年装备行业增加值增速在 8％左右，对外贸易出口将保持适度增长，其中，汽车产销增速继续低位增长，但新能源汽车增长持续高位，增速预期达到 25％左右。

3. 消费品行业用能增长稳定

由于消费品的行业属性，刚性需求支撑较强，对行业发展形成稳固支撑，同时考虑受上游原材料涨价导致成本增加的不利影响，以及行业结构调整的需要，预计 2019 年全年纺织工业增加值同比增长约 3%，轻工业增长约 5%。

4. 电子行业用能稳中略降

电子行业为我国重要的外向型产业，受贸易摩擦和市场需求影响，2019 年增速略有下降，预计增长 10%左右，智能终端、集成电路等产品增长依然迅速。用能情况与其发展趋势大致相同。

二、用能需求预测

从市场需求规模看，若仅选取供电、供气、北方城镇供热、分布式光伏、节能服务、微电网、储能 7 个主要的业务领域进行分析测算，2018 年市场规模超 4.9 万亿～5.47 万亿元，到 2020 年市场潜力至少为 6.47 万亿～7.34 万亿元，至少增长 45%，市场潜力非常巨大，具体估算如表 6—8 所示。

表 6—8　　2017 年与 2020 年市场规模需求量预测

类别	2017 年			2020 年	
	单价	消费量	市场规模	消费量	市场潜力
供电	0.586 86 元/千瓦	63 077 万亿千瓦时	3.70 万亿元	6.8 万亿～7.2 万亿千瓦时	3.4 万亿～3.6 万亿元
供气	2～3 元/立方米	2 373 亿立方米	0.47 万亿～0.71 万亿元	3 600 亿立方米	0.72 万亿～1.08 万亿元
北方城镇供暖	20～40 元/平方米/采暖季	建筑取暖面积 156 亿立方米	0.31 万亿～0.62 万亿元	建筑取暖面积 190 亿立方米	0.38 万亿～0.76 万亿元
节能服务			0.41 万亿元		0.6 万亿元
分布式光伏	含补贴自用电价 1～2 元/千瓦时	1～11 月发电量为 137 亿千瓦时	1～11 月 0.01 万亿～0.03 万亿元	发电量约为 720 亿千瓦时	0.07 万亿～0.14 万亿元
储能					0.1 万亿
微电网					>0.01 万亿

（一）供电市场需求规模

售电市场之所以能够吸引上万家公司的加入，主要得益于其万亿级的市场需求容量。根据国家能源局发布的数据，2017 年，我国全社会用电量为63 077 亿千瓦时，按照国家能源局 2017 年 12 月发布的《2016 年度全国电力价格情况监管通报》，2016 年电网企业平均销售电价为0.614 83元/千瓦时（不含政府性基金及附加，含税，同比下降 4.55%）。假设 2017 年仍按此速度下降，则电价约为0.586 86元/千瓦。据此测算，2017 年全国售电市场容量为 3.7 万亿元。

《电力发展“十三五”规划（2016～2020 年）》提出，到 2020 年全社会用电量预期为 6.8 万亿～7.2 万亿千瓦时。2018 年政府工作报告提出：“要降低电网环节收费和输配电价格，一般工商业电价平均降低 10%。”随着电改的不断推进及技术进步，电价还将继续下降，这意味着全国电网企业平均电价下降速度将超过 5%，假设每年按 5%的速度下降，预计 2020 年电价约为 0.5 元/千瓦时，届时电力销售市场规模为 3.4 万亿～3.6 万亿元。[①]

（二）供气市场需求规模

天然气是有效治理大气雾霾、推进中国能源生产和消费革命向纵深发展的重要抓手。在决胜全面建成小康社会的关键时期，我们必须落实党中央、国务院关于深化石油天然气体制改革的决策部署和加快天然气产供储销体系建设的任务要求，着力解决天然气发展不平衡不充分不协调的问题，确保供需基本平衡，有力保障民生用气，使市场规律得到充分尊重，使天然气产业健康有序可持续发展。在多重利好因素的驱动下，我国迎来新时代天然气行业快速发展期。2017 年我国天然气消费快速增长，呈现“淡季不淡、旺季更旺”的态势，全年消费量2 386亿立方米，同比增长 14.8%，增速较 2016 年提高 7.2 个百分点。

2018 年 8 月 25 日，《中国天然气发展报告（2018）》（以下简称《报告》）在北京发布。报告认为，2017 年我国对世界天然气消费增量的贡献达 30%以上，成为推动世界天然气发展的主要驱动力。报告指出，天然气在一次能源消费结构中占比 7.3%，同比提高 0.9 个百分点。其中，城镇燃气和天然气发电消费增长明显，消费量分别由 2016 年的 729 亿立方米、366 亿立方米增至 2017 年的 937 亿立方米和 427 亿立方米，占比分别增至 39.3%和 17.9%；工业燃料消费量为 760 亿立方米，占比 31.8%；化工用气量延续低迷态势，约为 262 亿立方米，占

① 电力企业向综合能源服务转型的“轻思考”[EB/OL]. https://mp.weixin.qq.com/s/hfKrNa5n98Ad902uCtGySg.

比由2016年的12.2%降为11.0%。2017年用气人口为3.5亿人，比首次突破3亿人口的2016年多0.4亿人。

分地区看，2017年全国天然气消费量及增量主要集中在环渤海、长三角和西南地区，三个地区天然气消费量为1 189亿立方米，占比达50%。用气量超过100亿立方米的省、市、区有江苏、广东、四川、新疆、北京、山东6个，河北、河南、浙江、重庆4省市用气量也接近百亿立方米。

我国天然气资源形势可以用三句话概括，即资源丰富，勘探开发程度低，增储上产潜力大。目前，我国常规天然气资源探明率仅为15%左右，低于世界平均水平(22.5%)，受上游主体少、竞争不充分、技术创新不足、政策体系不完善等因素影响，企业勘探开发投资能力不足、意愿不强，天然气新建产能不足，产量增长乏力。

2017年美国向我国出口LNG21亿立方米，比2016年增长7.5倍，约占同年美国LNG出口量的11.7%，我国已成为美国第三大LNG进口国。2017年，我国天然气进口量大幅攀升，进口来源进一步多元化。2017年，我国天然气进口量为946亿立方米。其中，管道气进口同比增长8.8%，约85%进口量来自土库曼斯坦，乌兹别克斯坦、缅甸管道气进口量均有所下降。2017年10月，中国石油与哈萨克斯坦石油天然气公司签订了一年期50亿立方米的管道气供应合同。2017年我国LNG进口量快速攀升，进口来源目标国进一步多元化。全年进口LNG526亿立方米，进口资源目标国达22个，比2016年增加4个。澳大利亚依然为我国LNG进口最大来源国，全年进口237亿立方米，同比增长44.3%；其次是卡塔尔，向我国供应103亿立方米，同比增长50.4%；再次是马来西亚、印度尼西亚等国。2017年我国天然气进口贸易依然以中国石油、中国石化、中海油三大石油公司为主导，其他企业的天然气进口贸易规模不断扩大。北京燃气、广东九丰、新疆广江等公司的天然气进口量总和达20亿立方米左右，在2017年冬季保供方面发挥了积极作用。

2018年天然气全年表观消费量将达到2 710亿立方米左右，同比增长13.5%，增速较2017年略有下降。其中，工业燃料用气将明显增长，消费量约为 900 亿立方米，同比增长 18.4%；城镇燃气和天然气发电依然保持较快增长，消费量将分别达1 050亿立方米和 500 亿立方米左右，同比分别增长 12.1%和 17.1%；化工用气则持续低迷，消费量约为 260 亿立方米，同比下降 0.8%。到 2020 年、2030 年、2050 年，天然气在我国一次能源消费结构中的占比将分别提升至近 10%、14%和 15%左右，增长趋势如图 6—8 所示。

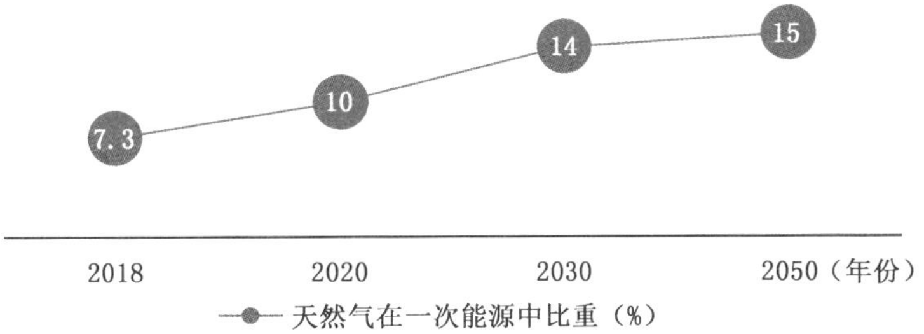

图 6—8　2018～2050 年天然气在一次能源中所占比重

此外，《报告》还分析了我国天然气发展遇到的新问题，认为我国产供储销体系建设不完善，体制改革不到位制约天然气协调稳定发展；政策协同性不足，支持力度不够导致天然气行业发展阶段性失衡。

《天然气发展“十三五”规划》提出，到 2020 年使天然气占一次能源消费比重力争提高到 10%左右，逐步把天然气培育成主体能源之一。在目前我国雾霾现象频发的状况下，各地都加大了“煤改气”的力度，天然气需求出现爆发式增长。2017 年，在气源供应不足的情况下，天然气年消费增量超 300 亿立方米，增幅和增量均创历史新高。按此趋势，预计到 2020 年我国天然气消费量极有可能实现3 600亿立方米，考虑到天然气供应紧张和技术进步因素，价格增减相抵消，天然气价格仍按 2～3 元/立方米测算，届时我国天然气消费市场潜力将达到 0.72 万亿～1.08 万亿元。

（三）供热市场需求规模

近年来，我国城镇建筑取暖面积持续增长。根据《北方地区冬季清洁取暖规划(2017～2021 年)》数据显示，截至 2016 年底，我国北方地区城乡建筑取暖总面积约 206 亿平方米。其中，城镇建筑取暖面积 141 亿平方米，农村建筑取暖面积 65 亿平方米。城镇地区主要通过集中供暖设施满足取暖需求，城乡接合部、农村等地区则多数为分散供暖。按照 20～40 元/平方米/采暖季测算，预计 2017 年北方供暖面积将达到 156 亿平方米，仅北方城镇取暖市场规模就可达到 0.31 万亿～0.62 万亿元。

根据《住房城乡建设事业“十三五”规划纲要》，“十三五”期间，城镇新建住房面积累计达 53 亿平方米左右。据此测算，预计 2020 年北方城镇取暖面积将达到 190 亿平方米，仅北方城镇供暖市场规模可达 0.38 万亿～0.76 万亿元。此外，由于人们对于生活质量的要求提高，南方供暖需求呈不断上升趋势，因此，供暖市场潜力巨大。

（四）节能服务市场需求规模

根据中国节能协会服务产业委员会最新发布的《2017 节能服务产业发展报告》显示，节能服务产业持续较快增长，规模效应初显。如图 6—9 所示，2017 年我国节能服务产业产值达4 148亿元，较上年同期增长 16.3%，增速较上年提高 2 个百分点。其中，2017 年合同能源管理投资额达到1 113.4亿元，比上年增长 3.7%；合同能源管理项目融资预计超过 700 亿元。这表明，节能服务公司在做大做强的路上呈现出良性发展态势。截至 2017 年，从事节能服务的企业有 6 137家，较上年增加 321 家，年均增长率较 2016 年降低 1.7%。全国从事节能

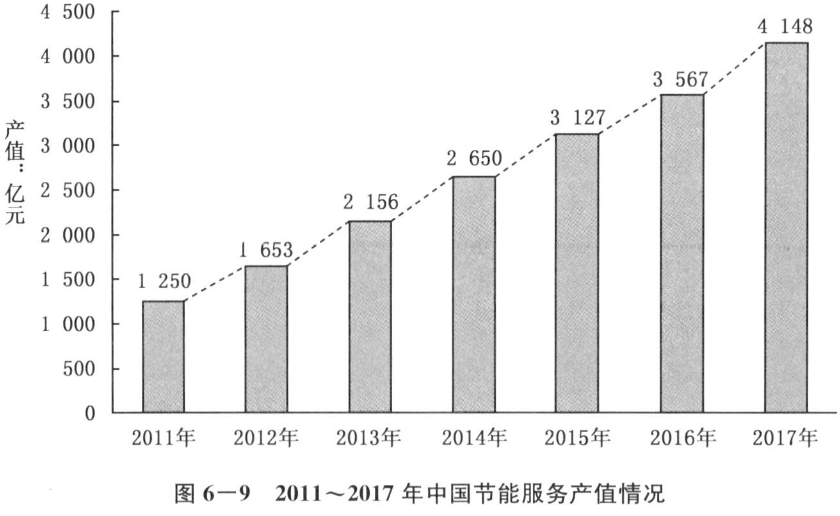

图 6—9　2011～2017 年中国节能服务产值情况

服务的企业6 137家，行业从业人数 68.5 万人，合同能源管理投资形成年节能能力超过3 800万吨标准煤，年减排二氧化碳突破 1 亿吨，节能服务产业继续保持了良好发展势头。节能服务产业不仅在我国节能技术应用和节能项目投资等方面发挥着至关重要的推动作用，而且对推动节能改造、减少能源消耗、增加社会就业、促进经济发展发挥了积极的作用，成为我国转变发展方式、经济提质增效、建设生态文明的重要抓手之一。

照此发展势头，《“十三五”全民节能行动计划》提出到 2020 年，节能服务产业产值比 2015 年翻一番，预计达到6 000亿元的目标任务，有望提前完成。

工业能效管理业务在我国发展时间较短，但市场化程度较高，行业内企业可充分参与竞争。一方面，行业内规模较大的企业多为知名跨国公司，如施耐德、西门子等，这些公司总体数量偏少，但实力较强；另一方面，国内企业数量众多，但多数企业进入该领域的时间较短，基本处于快速发展期或成立初期，且规模较小，其中规模相对较大的国内企业除公司外，还有天水电气传动研究所有限责任公司、荣信电力电子股份有限公司、广州智光电气股份有限公司、北京动力源科技股份有限公司、哈尔滨九洲电气股份有限公司、深圳奥特迅电力设备股份有限公司和湖南中科电气股份有限公司等。

目前，我国工业节能行业形成了三种经营模式：

1. 技术/设备提供商模式

该模式下具体分为两类，技术提供商模式和设备提供商模式。前者以提供节能技术、咨询为主，即为客户提供节能方案所需的能耗分析、技术服务，由客户自行完成设备采购、安装、调试及后续维护。后者则以提供各类节能设备为主，在客户完成前期技术咨询的基础上向客户销售标准化/定制化的节能设备。

2. 能效管理解决方案服务模式

该类企业将节能服务领域特定环节整合为一套整体解决方案，依托解决方案的设计和研发能力，集成配套设备及控制软件，为客户提供节能综合服务，同时根据需要帮助客户进行人员培训和节能成果的评估。具体而言，该类企业提供的能效管理解决方案包括：

沿动力流的第一重节能方案，即通过提供完整的工业电气产品、方案与技术服务，实现在生产环节的节能增效。

沿信息流的第二重节能方案，即通过采集生产过程的各项能耗数据，监控能源消耗状况，将企业实际能耗数据进行对标管理，提出针对性的节能改进措施，实现节能的目的。

沿管理流的第三重节能方案，即在第二重节能方案的基础上，建立系统、全集成的能源管理系统平台，有效整合能耗数据企业全范围业务信息，为企业管理者提供节能管理决策的依据。能效管理解决方案服务模式的技术门槛较高，盈利风险较小，且能够产生较高的附加值，是工业节能服务市场未来主流的商业模式。

3. 合同能源管理模式

合同能源管理是节能服务公司通过与客户签订节能服务合同，为客户提供包括能耗分析、方案设计、项目融资、设备采购、工程施工、设备安装调试、人员培训、节能量确认和保证等一整套的节能服务，并从客户进行节能改造后获得的节能效益中收回投资和取得利润的一种商业运作模式。在合同期间，节能服务公司与客户分享节能效益；合同结束后，全部节能效益和节能设备归客户所有。

该模式是我国近年来开始发展的新型业务模式，但目前在国内占比不高，一方面由于该模式对节能服务公司的融资能力要求较高；另一方面，该模式下节能服务公司的成本收回及收益取得通常需要较长时间（普遍 10 年以上），且该收益取决于合作方项目的运转效率。若合作方行业不景气、生产线运转效率下降或合作方盈利能力下滑都将增加项目的可持续经营风险。①

（五）分布式能源市场需求规模

目前，对于分布式能源很难给出一个确切的定义，因为随着新的能源资源的不断开发利用、能源技术的日益革新、能源需求的持续变化，分布式能源的定

① 2018 年中国节能服务发展趋势及市场前景预测[EB/OL]. https://mp.weixin.qq.com/s/G－yQqp－B5jNG9iOpiMC87w.

义也会随之不断发展创新。分布式能源有三层含义：资源层：太阳能、风能、农林废弃物、工业废气、生活垃圾、地热等；技术层：光伏发电、分散式风能电、CHP/CCHP、生物天然气、垃圾气化、热泵等；系统层：多能互补、多技术融合、多品味输出。

1. 发展形势分析：

(1)分布式能源资源利用范围不断扩大；

(2)在可再生能源、储能、需求侧管理等技术的驱动下，分布式能源技术日趋完善；

(3)分布式能源系统开发利用形式呈现出从单一能源向多元集成系统发展趋势；

(4)随着分布式能源系统的进一步发展，涌现出新型能源服务公司，其运营管理模式也得到不断完善和成熟。

2. 我国发展形势预测

我国分布式能源发展不断提速，已从启动阶段转入快速发展阶段：发展模式也从单一模式向综合模式过渡，试点示范也更突出多能互补、多元融合和供需互动，随着能源行业市场化改革深入，分布式能源有望获得更充分的市场化地位。“十三五”以来，国家先后批复 23 个多能互补集成优化示范项目、55 个“互联网＋”智慧能源等一系列综合试点示范，国家批复 105 个增量配电业务改革试点，发布《关于开展分布式发电市场化交易试点的通知》，鼓励分布式能源参与市场化交易。

(六)微电网市场需求规模

微电网是指由分布式电源、用电负荷、配电设施、监控和保护装置等组成的小型发配用电系统(必要时含储能装置)。微电网分为并网型微电网和独立型微电网，可实现自我控制和自治管理。并网型微电网既可以与外部电网并网运行，也可以离网独立运行；独立型微电网不与外部电网连接，电力电量自我平衡。

微电网有诸多优势，比如可以有效解决风、光等清洁能源并网问题；电力运输半径小，线损非常低，在出现意外状况或者自然灾害的时候，可以自行提供电力，确保小范围电力系统的稳定运行；还可以解决部分调峰和备用问题。

微电网作为“互联网＋”智慧能源的重要支撑以及与大电网友好互动的技术手段，可以提高电力系统的安全性和可靠性，促进清洁能源的接入和就地消纳，提升能源利用效率，在节能减排中发挥重要作用。据估计，“十三五”期间，微电网将撬动数百亿元的增量市场需求。过去数年，光伏、风能等新能源的度电成本、储能成本在迅速下降，微电网的控制技术不断成熟，设备生产成本不断下降，微电网建设的爆发点在不断临近。目前，GTMResearch 公布一份报告预测显示，未来 5 年微电网的市场需求规模将增加到 28 亿美元。

（七）储能市场规模

根据中关村储能产业技术联盟统计，2000～2016 年应用于用户侧（即分布式发电及微网领域）的投运储能系统累计装机量为 107.9 兆瓦（不包含抽水蓄能和储热项目），占全部装机的比例为 57%。其中 2015 年 7 月～2016 年 12 月用户侧安装比例占全部规划的 54%。2016～2017 年间，我国规划和在建的储能规模近 1.6 吉瓦，占全球规划和在建规模的 34%，我国储能投运规模迎来加速增长。截至 2017 年底，我国已投运储能项目累计装机规模达 28.9 吉瓦，同比增长 19%。与全球储能市场类似，我国抽水蓄能的累计装机规模所占比重最大，接近 99%，但与上一年同期相比略有下降。电化学储能的累计装机规模位列第二，为 389.8 兆瓦，同比增长 45%，所占比重为 1.3%，较上一年增长 0.2 个百分点。在各类电化学储能技术中，锂离子电池的累计装机占比最大，比重为 58%。随着可再生能源比例的增加，预计未来用户侧将保持高增长态势。而在这一增长态势中，园区依旧是热点，在东南沿海等地区，已有很多园区开始参与储能系统建设，特别是新建园区。不仅如此，很多企业参与园区储能建设的积极性也很高。此外，政府的很多示范项目也将落地园区。储能在用户侧的应用具有最浓厚的商业化气息，特别是储能在分布式发电与微网、辅助服务、用户侧需求响应和电动汽车车电互联系统领域开始涌现出一些市场机会和创新模式。预计到 2020 年，储能总装机规模最高将达 24.2 吉瓦，在后续储能补贴等政策出台的情况下，市场规模将达1 000亿元。

三、个性化需求服务案例

（一）济宁圣地电力智能产业园项目

济宁圣地电力智能产业园项目位于山东省济宁高新区高端制造产业园核心区域，规划占地面积约260亩，整体规划建筑面积约17万平方米。园区建成后，首期计划迁入5家企业，依托国家级高新区先进智能制造业的产业基础，重点突破一批智能制造领域关键技术和核心产品，打造中国一流电力应用研究中心和智能制造平台，成为省内率先、全国领先的智能制造业产业基地。该园区面积大，大型建筑多，在能源革命的背景下，能耗问题是该园区建设重点关注的问题之一。依托该园区自身的产业特色，其融合新一代信息技术和高端装备，逐步实现自动化、信息化、互联化、智能化，成为资源节约型、环境友好型的高科技园区。该科技园区重点综合能源服务需求主要有以下两个方面。

1. 绿色节能技术

圣地电力智能产业园项目自规划建设之初，即与山东电力科学院节能服务中心、山东大学等单位联合进行节能和电能替代设计。在LED照明系统、光导管照明系统、地源和空气源热泵系统、变频通风系统、围护结构、生活热水系统、光伏发电系统七大系统中展开研究。园区以相关研究单位为依托，计划建设民生计量技术研发中心、电能替代技术研发中心、信息通信技术研发中心、清洁能源技术研发中心、电力设备研发及生产中心。开展智能设备研发制造、电力设施可视化研究及运维、电力管家一站式施工服务、现代化仓储、品牌推广、电气设备融资租赁等业务。并重点切入电气化和综合能源管理领域，融合微电网、云储能、空气源热泵等多项新技术，打造综合能源管理示范工程，向社会广泛展示电力科技新成果，推广绿色节能技术应用。

2. 能耗监测系统

随着全国新旧动能转换大潮愈演愈烈，能源消耗越来越成为困扰企业推动产业结构升级的主要问题。为此，建成后的圣地电力智能产业园还将建立综合能耗监测系统。其中包括管理节能、技术节能和公示行为节能。利用能耗监测管理平台，可以实现直接对园区各条常规能源支路的能耗监控，帮助管理人员提高对目标设备的日常管理，依据平台提供的监测数据做出相应节能诊断，得出切实可行的节能办法，打造全新一代的智能产业园区特色示范工程。

(二)广州市明珠工业园区示范项目

在工业 4.0、中国制造 2025 的背景下，中国工业快速发展，工业园区能源需求也逐渐增大，而且对用能品质、用能安全提出了很高要求。一般工业用户生产线运行规律性不强，用能特点多样化。用户根据可能出现的最大用能需求规划内部的能源供应系统。然而大部分时候，用户的使用量可能小于设计容量，这就造成设备利用率低、经济性差，甚至造成能源浪费。

广州市从化区明珠工业园区项目旨在通过多能流综合规划、多元互动、协调控制与智能调度，提高一次能源综合利用效率，提高可再生能源就地消纳率，打造园区内部可靠、清洁、高效的综合能源系统。该工业园区综合能源服务需求主要有以下三方面。

1. 多能协同的智能调度系统

位于明珠工业园的万力轮胎厂是我国最大的子午轮胎出口企业，其产品要满足各种品牌汽车、新能源汽车和比赛用车的需求，生产线对冷、热、电等能源的供应具有较高的要求。

明珠工业园区建有大量可再生能源发电。为充分就地消纳可再生能源，挖掘园区可再生能源的供应潜能，要注意将可再生资源与储能搭配使用，让储能起到“充电宝”的效应，能有效提高园区可再生能源的渗透率，避免能源的浪费。

项目在满足用户用能需求的基础上，针对园区企业生产线负荷特性，引入压差发电、热能梯级利用、余热回收、空调节能改造等措施，为企业量身定制节能环保生产方案。明珠工业园区示范区建立了一套多能协同的智能调度系统，充分消纳光伏发电和天然气冷热电三联供等清洁能源，并助力企业能源管理，打造具有示范意义和可推广前景的绿色工业园区。

2. 冷热电三联供服务

鳌头分布式能源站装有天然气冷热电联产机组，为从化明珠工业园区提供丰富的冷、热、电资源。冷热电三联供机组具有热负荷、电负荷的供给同步性高的特点；而用户侧热能、电能的相互替代关系，也增加了通过多能协同、提高园区能源自给率的可能性。例如在园区电力供应紧张的时候，通过替代性增加园区热负荷的同时，同样增加了鳌头能源站的电出力，这将减轻外电网的负担。

为保证冷热电三联供机组、可再生能源发电等运行在最优状态，有必要通过源网荷储的协调，多种能源的协同，优化整个园区的运行效率，提高设备利用率。

提高园区能源自给率，有助于充分利用太阳能、生物质能等本地资源，发挥明珠工业园区的本地优势。这样可以节约能源供应成本，同时避免能源的远距离传输，减少碳排放。据悉，以这种形式，园区年购入电量将少于20%。

3. 多元协同互动机制

目前，明珠工业园拥有万宝冰箱、万宝空调、威莱日化等大型龙头企业。大量企业集聚园区，冷、热、电消耗巨大。传统上，各企业将分别建设自己的能源供给系统。多参与主体、多样负荷特性的特点，也为工业园区的有序能源供应带来了机遇，可以充分挖掘多元用户互动的新动力。

由于用户都对电、冷、热有大量需求，并且经改造后，都具备储能、负荷特性优化等手段。如果能站在园区的层面上，将各个用户用能情况通过能量管理系统汇聚起来，就可以在关键时刻调动各用户的积极性，进而挖掘出园区更多的供能潜力。因此，园区建立了“供能企业—用户”协同的园区互动机制，当供能系统运行面临风险时，可以协调调用用户资源，在充分调动用户积极性的同时，提高示范园区供能的可靠性。项目的目标是通过互动机制，使得工商业互动削减峰值负荷大于20%。未来，园区还将进一步挖掘与利用园区内源、储、荷等分布式资源的可调控能力，与上级电网实现良性互动，探索电网企业、发电企业、工商业用户、综合能源服务商等多方共赢的运营模式。

园区重点需求即是充分探索多元用户互动新模式、多种能源互补新技术，高效、清洁、可靠的综合能源系统，降低了企业用能成本，实现了多能协同、多方共赢。

第四节　用能侧需求响应分析

目前受到自然垄断特性影响，我国能源行业的资源集中度高、市场竞争意识较弱，能源领域长期以来按照“跑马圈地”的粗放式、扩张式的发展模式，对用户的实际用能需求考虑较少。随着能源互联网技术及理念的迅速发展，将改变现有的能源系统架构及运营模式，转变成与更多消费者互动的集中式能源辅以大量分布式能源的能源网络，这将产生新的利益区块，催生多元化的新商业模式和投资机会，吸引更多投资者进入。现有能源体系的封闭、垄断结构将被彻底打破，新的能源体系将从以供给主体为中心彻底转向以用户需求为中心。在新形势下，各能源企业只有更好地满足用户能源需求、解决用户的用能难题、提供系统的能源服务解决方案，才能继续占据能源产业的主导权。同时用户的需求侧响应将进一步扩大为用户的综合用能管理，这是综合能源服务解决方案的重要组成部分，配合分布式能源、微网、储能等设备，用户将既是“生产者”也是“消费者”，这也要求能源互联网的运营商要拓宽思路，逐步提供定制化能源管理服务、设备维护服务、节能服务等增值服务。

一、用能侧需求响应

需求响应通过价格机制和控制手段，激励用户实现用能需求在时间上和空间上的合理分配，其技术示意图如图6－10所示。

综合能源需求响应将用户对冷、热、电等多种能源的需求纳入广义需求侧资源的范畴中，需求响应方式除用能削减外还包括用能替代，由此可在不影响用户舒适度的前提下满足用户的用能需求，减少用能费用。对于综合能源服务商，建设客户用能监控分析平台，分析客户用能特点及系统供能特点，改造客户用能设备，建设余热回收利用设备，调控、运维空调、电动汽车、蓄热电锅炉等柔

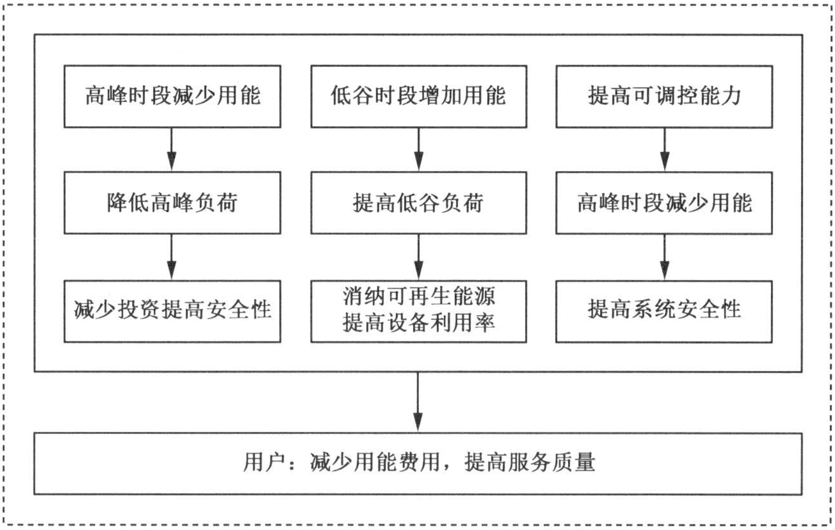

图 6—10　需求响应技术示意图

性负荷参与容量市场、辅助服务市场、可中断负荷项目，优化客户用能，代理参与需求响应，创造能源增值收益，增强客户黏性。同时，对于用户，通过响应能源价格信息和管理中心发布的负荷中断信息，调整自身的用能计划，从而达到柔性互动的目标。

二、用能侧数据多位分析技术

1. 用能侧海量数据分类

综合能源服务的大数据涉及能源资源、生产、消费、传输、加工转换、储存、排放、效率和金融等全生命周期及其他相关领域的海量数据。由于数据主体众多，内容复杂，面向用户侧供用能海量数据，宜将其进行分类。

(1)用户侧冷热电三联供、热泵、工业余热余压等综合能源利用；

(2)分布式可再生能源接入计量及其与天然气、氢气等分布式能源的协同；

(3)储电、储热、储冷等多类型集中式或分散式储能接入；

(4)智能家居、智能楼宇和智慧工厂等综合能源消耗；

(5)充电桩、加油站、港口码头等各类交通能耗。

2. 用能侧海量数据挖掘技术

由于受到信号干扰、软件故障、设备性能等情况的影响，用户供用能数据经常会出现未全面采集或者失真的现象，故首先需要对数据进行筛选和修正。然后进行数据挖掘算法设计（包括决策树、神经网络、聚类和支持向量机等）。数据挖掘技术目前主要包括：数据集成管理技术、数据存储管理技术、高性能计算技术和分析挖掘技术等（具体内涵见表6—9）。最后，根据设计的数据挖掘算法，对用户负荷数据进行挖掘分析。

表6—9 数据技术及其内涵范畴

序号	关键技术	技术内涵及范畴
1	数据集成管理技术	将异构数据源整理、转换成统一的集成方式
2	数据存储技术	满足不同类型、模式的用户侧海量数据存储
3	高性能计算技术	通常包括实时计算、批量计算和流式计算
4	分析挖掘技术	通过数据分析发现大数据价值

三、用能侧需求响应实施建议

对于用能侧需求响应应该分阶段实施，我国更适合分阶段方式发展需求侧响应机制。总体可以分为以下三个阶段实施。

1. 试点阶段

综合能源服务市场处于初级阶段。应设计较为简单的需求侧响应项目，以增强参与方对市场化需求侧响应的了解，该阶段的资金来源以政府补贴为主，部分工、商业负荷参与需求侧管理试点，其他负荷逐步建设需求侧响应设施。

2. 推广阶段

该阶段综合能源服务市场已经逐渐成形。应设计更多样化的项目以适应用户的不同负荷特性和需求。通过尖峰能价等手段设置需求侧响应资金池，使收支基本平衡，绝大部分工、商业负荷、公共设施参与需求侧响应，居民负荷根据自身需求侧响应设施情况积极参与各类型响应项目。

3. 常态化应用阶段

该阶段综合能源服务市场已经成熟。所有行业均参与需求侧响应，与供能侧资源一起参与市场竞争，共同满足用户负荷需求量，并通过市场供需情况来调节需求侧响应的价格机制。

第七章。。。。。。。。。

综合能源服务商业模式分析

本章基于商业模式六要素，即价值定位、目标市场、业务模式、合作伙伴、关键资源能力、盈利模式，对综合能源服务的商业模式进行详细分析。

第一节　价值定位

价值定位能够帮助企业了解顾客的需求，确定如何提供响应每一细分顾客群独特偏好的产品与服务的筹划。选择正确的价值定位是商业模式设计至关重要的一步，也是价值网络构建的依据。

作为能源服务市场发展的新动能，综合能源服务既整合了不同的能源服务业务，又超越了传统能源服务范畴，能够满足客户日益多样化的能源需求，成为实现国家能源革命的重要市场力量。但目前，我国的综合能源服务市场仍处于发展的初级阶段，关于综合能源服务的定义不尽相同，对于综合能源服务的价值定位也尚不明确，从而导致各综合能源服务企业在系统建设、核心技术、运维管理等方面都存在较大的问题。本节基于我国国情，结合国外综合能源服务发展现状，重点从两个方面对综合能源服务的价值定位展开分析。

一、增加/挖掘客户的需求

传统能源服务，多是上游企业的附属业务，往往围绕上游企业的产品营销开展服务。服务模式是以产品为中心，重点在于围绕事物开展营销。而综合能源服务是以能源服务为主营业务，围绕客户的综合需求开展服务。服务模式是以客户为中心，重点在于围绕关系开展营销，致力于建立、保持并稳固与客户之间紧密的、长期的互动关系，充分开展能量流、信息流、业务流的互动，从而吸引客户的高频次访问，赢得客户对企业的强烈认同甚至偏爱。为了提高客户满意度、增强客户黏性，综合能源服务企业不应仅仅提供能源服务，还应能够充分增加或挖掘客户需求，针对客户使用能源背后的最终需求，考虑客户对成本、安全、舒适、便捷、速度等方面的要求，提供物业管理、垃圾处理、碳金融、智慧生活、大气治理、水处理、固废处理等相关服务。

基于上述分析，综合能源服务企业开展业务时也应能够对客户需求的性质进行正确的界定。当前，综合能源服务有部分需求是传统业务的需求。如增量配电网，实际上是用电企业对供电服务的需求，和电改无关。但电改因为政策驱动，使得一部分配电资产由非电网的社会资本进行投资，从而在投资和运营效率上与电网企业的配电网形成竞争。因此，增量配网的客户需求并非新增需求。而需求响应或者分布式光伏都是传统的电力行业没有发现的需求，是因为光伏技术的发展，或市场政策推进（现货市场发现价格信号，促进需求侧的商业模式落地），从而带来的新的客户需求。

二、边际效率的提升

即使是传统的业务，如果通过技术手段提升业务的边际效率，降低边际成本，也可以形成具有竞争优势的业务。互联网和新技术对传统产业的冲击，不仅仅是挖掘出新的价值需求，更重要的是以更高的边际效率去改变。如阿里提倡的新制造和新零售，本质上就是在掌握了消费端的大量个性化需求以后，结合工业 4.0 技术实现 C2B(customer to business)的大规模柔性定制化，实现对原有高边际成本的定制化生产的颠覆，以及对低边际成本但是大规模非定制化生产的颠覆。

对于能源行业，综合能源服务领域有大量的依靠个体经验和高边际成本而存在的业务，很多业务边际成本高到业务只能局限于某些高端客户，这些可能就是未来综合能源服务在技术上需要去突破和拓展的。以数据采集、数据智能分析，专家系统和人工智能技术的应用，及时面对传统的存量客户需求，存在大量的改善机会，前提是边际效率有提升空间。①

值得注意的是，客户需求的发掘和出现与边际效率的提升，最终呈现的是一种互为因果的促进关系。边际效率的提升能够发掘出无法通过市场实现的需求，新的需求又带来新的技术升级，进一步提升边际效率。互联网电子商务的发展就体现了这种互动的促进。

在综合能源服务领域，也存在上述可能性。如在客户现场安装的一些表计的传感器，提升了客户能源运营的效率，从而客户希望安装更多的数据采集装置，间接衍生出更多的商业机会，甚至为现货市场积累历史数据，未来可通过市场交易发现更多价值。

第二节 目标市场

一、以新建工业园区作为重点布局

据不完全统计，目前全国国家级高新技术产业园区、经济开发区数量超 300 家，各类省级产业园区超1 200家，较大规模的市产业园区1 000多家，县以下的各类产业园区更是数以万计。而我国 70%的工业用能集中在工业园区。因此，工业园区将成为开展综合能源服务的主战场。第一，工业园区电力消耗量大，有大量的电力需求，是拉动各地经济的增长点。第二，工业园区的用户用能方

① 俞庆. 综合能源服务业务的定位[R/OL]. http://m.bjx.com.cn/mnews/20180928/931121.shtml.

式多元化，具备形成综合用能增值服务的条件。工业园区配网范围清晰，相互推诿现象少，社会资本进入容易。从另一个角度上看，园区政府可以通过降电价增强招商引资优势，体现改革成果。

根据国家能源局发布的《关于推进多能互补集成优化示范工程建设的实施意见》，在新产业园区、新城镇、新建大型公用设施（机场、车站、医院、学校等）、商务区和海岛地区等新增用能区域，加强终端供能系统统筹规划和一体化建设，因地制宜实施传统能源与风能、太阳能、地热能、生物质能等能源的协同开发利用，优化布局电力、燃气、热力、供冷、供水管廊等基础设施，通过天然气热电冷三联供、分布式可再生能源和能源智能微网等方式实现多能互补和协同供应，为用户提供高效智能的能源供应和相关增值服务，同时实施能源需求侧管理，推动能源就地清洁生产和就近消纳，提高能源综合利用效率。在既有产业园区、大型公共建筑、居民小区等集中用能区域，实施供能系统能源综合梯级利用改造，推广应用上述供能模式，同时加强余热、余压以及工业副产品、生活垃圾等能源资源回收和综合利用。

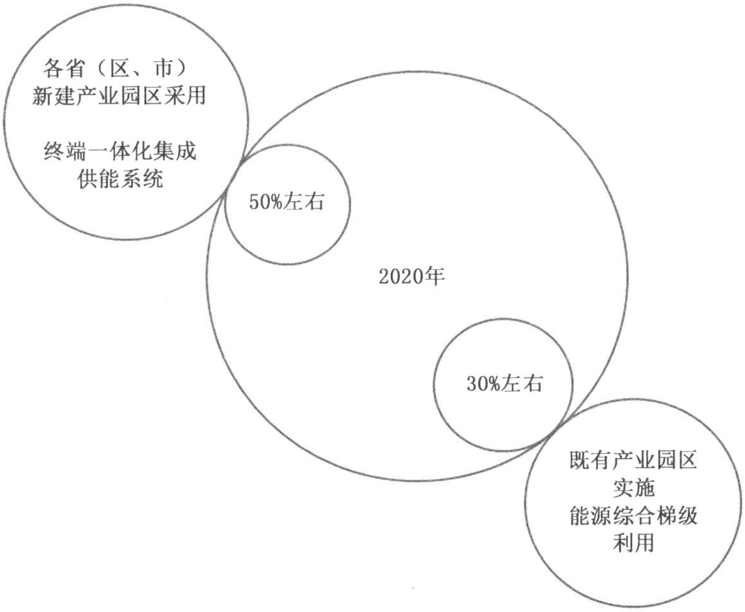

图7—1　2020年多能互补规划

到2020年，各省（区、市）新建产业园区采用终端一体化集成供能系统的比例达到50%左右，既有产业园区实施能源综合梯级利用改造的比例达到30%左右，具体见图7—1。由于既有园区改造成本高，供水、供热等行业存在垄断难以介入，且改造比例相对较小，因此以新建产业园区作为重点布局。

二、将高负荷用电区域作为首选

从综合能源服务所供能源的市场体量来看，电力市场容量最大，因此综合能源服务重点围绕售电市场进行布局，重点在中东部地区。中电联电力工业统计资料汇编显示，2017年东部的广东、江苏、山东、浙江和河北5省全社会用电量分列全国前5位，仅5省用电量就合计24 832亿千瓦时，占全国的39%，具体见图7—2。河南、内蒙古、四川、辽宁、福建5省全社会用电量为12 511亿千瓦时，占全国的20%。仅前10个省份全社会用电量就占全国的59%，应作为开展综合能源服务的重点区域。

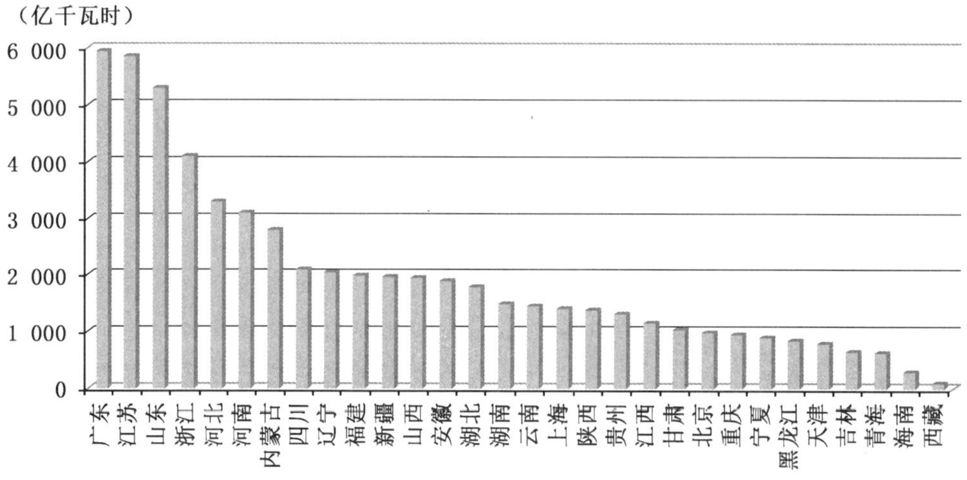

图7—2　2017年全国各省社会用电量

三、兼顾可再生能源丰富的地区

2017年，国家能源局发布《关于公布首批多能互补集成优化示范工程的通知》，确定首批多能互补集成优化示范工程共安排23个项目，其中，终端一体集成供能系统17个，风光水火储多能互补系统6个。多能互补就是多种能源互相补充，目的是为了综合使用能源，提高能源输出和利用效率。首批风光水火储多能互补系统示范工程的确定，是2016年7月国家发改委、国家能源局联合发布《关于推进多能互补集成优化示范工程建设的实施意见》的落实，有利于提高可再生能源系统利用效率，也是解决我国风、光等新能源长期存在弃风、弃光、弃水等顽疾的重要手段。

我国西北地区可再生能源丰富，适合推进以风光水火储多能互补系统为主的综合能源服务建设。特别是青海、甘肃、宁夏、内蒙古、四川、云南、贵州等省区可再生能源丰富，可以利用大型综合能源基地风能、太阳能、水能、煤炭、天然气等资源组合优势，充分发挥流域梯级水电站、具有灵活调节性能火电机组的调峰能力，建立配套电力调度、市场交易和价格机制，开展风光水火储多能互补系统一体化运行。考虑到目前可再生能源成本仍旧相对较高，且由于其发电具有波动性、间歇性与随机性在接入电网方面存在一定的困难，建议优先布局用电负荷第一梯队和第二梯队的地区，具体见表7－1，兼顾布局可再生能源丰富的地区。

表7－1　　用电负荷区域分布

用电负荷第一梯队	用电负荷第二梯队	可再生能源丰富地区
北京、天津、河北、山东、江苏、上海、浙江、广东	内蒙古、辽宁、河南、四川、云南、福建	青海、甘肃、宁夏、贵州

四、重点关注北方清洁供暖市场

由于我国北方地区雾霾频发，2017年12月，国家发展改革委等部委联名发布了《北方地区冬季清洁取暖规划（2017～2021）》（以下简称《规划》）。根据该《规划》，到 2019 年，北方地区清洁取暖率要达到 50%，替代散烧煤7 400万吨；到 2021 年，北方地区清洁取暖率达到 70%，替代散烧煤（含低效小锅炉用煤）1.5 亿吨。此外，鉴于北方地区冬季大气污染以京津冀及周边地区最为严重，《规划》要求“2＋26”重点城市，到 2021 年，城市城区全部实现清洁取暖，县城和城乡接合部清洁取暖率达到 80%以上，农村地区清洁取暖率 60%以上。

而 2016 年，我国北方地区清洁取暖比例低，仅占总取暖面积的 34%，发展缓慢。其中，天然气供暖面积约 22 亿平方米，占总取暖面积的 11%；电供暖面积约 4 亿平方米，占比 2%；清洁燃煤集中供暖面积约 35 亿平方米，均为燃煤热电联产集中供暖，占比 17%；可再生能源等其他清洁供暖，包括地热供暖、生物质能清洁供暖、太阳能供暖、工业余热供暖，合计供暖面积约为 8 亿平方米，占比 4%。在未来一段时间内，我国北方地区具有巨大的清洁能源供暖需求。值得注意的是，我国北方地区电力、钢铁、水泥、有色金属、石化等行业仍有约 3 亿吨标准煤低品位余热资源尚未利用。实践表明，工业低品位余热供暖的热源成本远低于燃煤和天然气供暖，在经济和技术上均具有较好的可行性。想要开展综合能源服务的企业，可以先进军大宗工业余能余热利用领域，为全面进军综合能源服务领域积累宝贵的经验。

第三节　业务模式

随着能源革命升级、电改深入推进、云计算等新技术的广泛应用，综合能源服务产业形态、业务模式呈现出新趋势，产业链逐步向上下游延伸，业务向多元化方向拓展。企业基于自身资源、技术等方面优势，建立不同经营形态的商业模式。

综合能源服务的基本业务模式可从供能侧和用能侧出发，通过能源输送网络、信息物理系统、综合能源管理平台以及信息和增值服务，实现能源流、信息流、价值流的交换与互动。纵观国内外综合能源服务发展现状及趋势，综合能源服务业务模式如表 7－2 所示。

表 7—2　**业务模式概览**

<table>
<tr><th></th><th>业务模式</th><th colspan="2">业务内容</th></tr>
<tr><td rowspan="3">现有业务模式</td><td>多能源供应</td><td colspan="2">供电、供气、供热、供水、供氢等能源</td></tr>
<tr><td>技术服务型</td><td colspan="2">依托分布式能源、区域能源互联网技术、节能改造技术、电能替代等，开展能效诊断、节能改造、能源托管</td></tr>
<tr><td>“互联网＋能源”服务</td><td colspan="2">充分发挥平台服务与数据价值，提供多元化增值服务</td></tr>
<tr><td rowspan="10">潜在业务模式</td><td rowspan="3">售电平台＋服务</td><td colspan="2">基础购售电、差异化绿色化套餐售电、质量管理等核心业务</td></tr>
<tr><td colspan="2">节能服务、业务流程外包、数据咨询服务、管理信息化云服务等供电增值业务</td></tr>
<tr><td colspan="2">能源金融服务、双边购电服务、综合保障服务等潜在整合业务</td></tr>
<tr><td rowspan="5">能源增值服务</td><td>用电工程类增值服务</td><td>用电工程咨询、设计、施工、配电资产运维等</td></tr>
<tr><td>能效增值服务</td><td>合同能源管理、综合节能咨询等</td></tr>
<tr><td rowspan="3">节能环保业务</td><td>在公共建筑、数据中心等开展节能服务</td></tr>
<tr><td>在工业园区提供能源托管和综合节能服务</td></tr>
<tr><td>在一般商业及家庭用户提供智慧家居、智慧用能服务</td></tr>
<tr><td>分布式能源＋服务</td><td colspan="2">供电、水、热、气等多种产品的同时提供设计、投融资、建设、运营、管理、维护的一站式服务</td></tr>
<tr><td>跨界经营</td><td colspan="2">开拓各类能源和非电新业务</td></tr>
</table>

一、现有业务模式

（一）多能源供应模式

多能供应是在电力市场环境下形成的新业务模块，原有的业务虽有能源供应，但均是单一的能源供应模式。该模式是协同多种分布式能源，融通电网、热网、气网，将燃气、冷、热、电、氢等能源的不同组合产品销售给用户。具体包括：电和气的协同供应，电、热、冷的协同供应，电、气、热、冷的协同供应，气、热、冷的协同供应等多种服务，能够弥补能源供应的单一性，有利于多种能源协同优化，降低成本。[①]

典型的有新奥泛能网、协鑫分布式微能源网。新奥在2012年提出泛能网概念，将冷热、燃气联系起来，开发分布式热电联产项目，在工商业园区、用能企业、建筑等建设泛能站；协鑫的分布式微能源网按照“六位一体”模式实施：将天然气冷热电系统、光伏发电、风能发电、储能技术、节能技术、低位热能结合为一体，提供多种能源服务。

（二）“互联网＋能源”服务模式

将互联网技术与能源深度融合，重塑能源服务模式。充分发挥平台服务与数据价值，将能源产业所有参与者关联起来，提供“平台＋服务”的多元化增值服务。具体包括：分布式光伏、故障诊断、资产管理、能源数据增值服务等服务。

如国家电网光伏云网以互联网信息技术为支撑、以客户需求为导向、以全面提升分布式光伏运营效率为目的，整合技术、信息、数据等分布式光伏全产业链资源、构建“互联网＋光伏”的开放共享能源互联网生态体系，助推分布式光伏产业创新发展；远景能源阿波罗光伏云平台运用大数据及云端第三方平台进行电站的智能监控和运维管理，通过软件平台进行故障诊断、资产管理以有效提升发电量，深度挖掘历史运营数据并建立横向对标体系进行投资决策分析，对电站资产进行真正的价值管理，从源头确保电站全生命周期收益，实现资产管理的闭环及投资管理的闭环，有效管理光伏行业投资风险；类似的还有国家电网与BAT、中石油与BAT的合作。

（三）技术服务型模式

在分布式能源、区域能源互联网技术、节能改造技术、电能替代等方面具有优势的技术型企业，依托自身技术，拓展能源服务业务。具体包括：余热余压利用、配网节能、用能咨询、用能监控、能效诊断、节能改造、能源托管等服务。

如电网企业依托综合能源服务项目信息化管理平台，深入开展能源数据监测分析，为客户提供能效诊断、节能改造、能源托管等增值服务；阿里能源云为

---

① 封红丽. 综合能源服务模式成效调查[J]. 能源，2018(09)：34－37.

新能源行业提供丰富的专业化云端业务与技术解决方案，帮助能源运营商、服务商快速搭建标准化/定制化商业平台。

二、潜在业务模式

1. 售电平台＋服务业务

随着外部环境变化，原有的商业模式均将有所调整。新形势下，售电平台＋服务业务如图7—3所示。售电公司通过构建智慧购售电一体化平台，可提供购售电竞价、成本计算、售电营销、客户服务、购电管理、配电管理、竞价决策、负荷预测、能效服务、微网管理、差异化绿色化套餐售电等全方位信息化解决方案，帮助发配售电公司快速开展业务，及时响应市场需求。

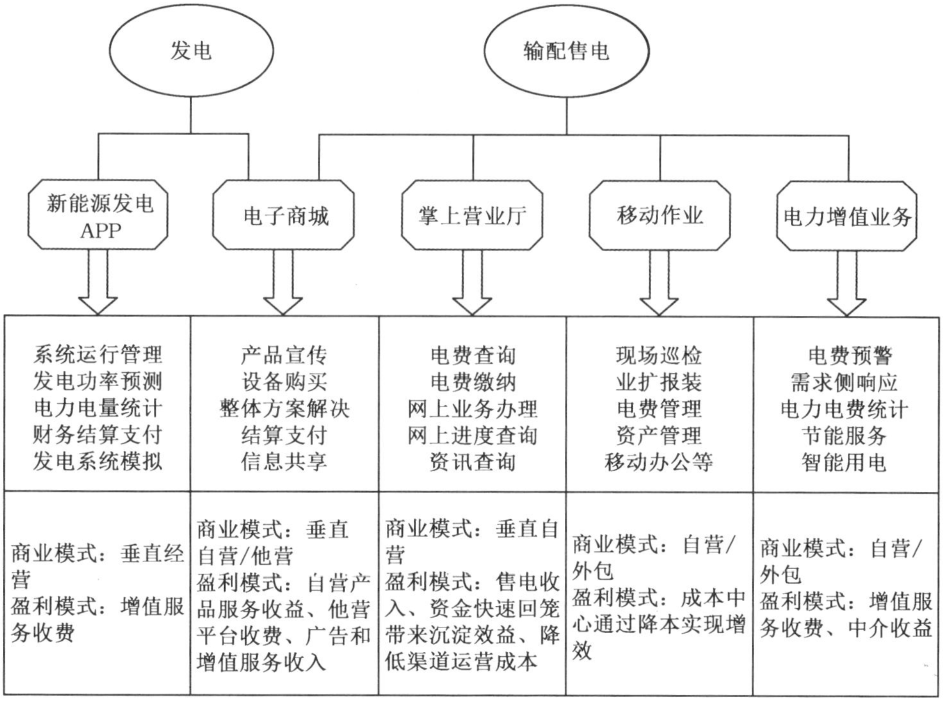

图7—3　售电平台＋服务业务

此外，售电公司增值业务除电能替代、电蓄热、锅炉托管、节能产品、合同能源管理、电力设施维修外，还可包括电力大数据、电力顾问、电力管家、微电网、碳交易等业务，同时也可探索能源金融服务、双边购电服务、综合保障服务等产业链整合业务。其中，能源金融服务包括能源市场预测、投资分析、技术经济比较、国家能源政策和金融咨询服务等。由于能源产业是一个高科技、高资金投入、高风险和高回报、回收期较长的产业。这“四高一长”的特点决定了能源产业的发展需要全社会资本的支持。综合能源服务可根据这些特点开展相应服务。

2. 能源增值服务业务

能源增值服务业务包括客户表后业务、系统辅助服务、节能环保业务、能源环保业务、用电工程类增值服务、能效增值服务 6 种，如图 7—4 所示。其中：

(1)客户表后业务。包括用能业务代办、设备检测、电能质量管理、分布式能源交易等服务。其中，分布式能源交易是指分布式风电、光伏等分布式能源运营商与用户之间签订用能合同，向用户提供更为清洁廉价的能源商品；分布式能源运营商还可以与储能运营商之间签订储能合同，从而在价格低谷时储能、在价格高峰时供能等。

(2)系统辅助服务。包括需求响应、基于储能的辅助服务等服务。其中，需求侧响应是指用户根据市场价格改变用能市场和用能时间，促进能源需求与供能曲线的匹配，有利于市场供求平衡；基于储能的辅助服务主要是指储能与用户用电的短结合，主要服务是削峰填谷，辅助服务是指利用储能快速、灵活响应的特点，为用户提供辅助服务，如调频、需求侧响应、重要负荷做应急电源支撑等。

(3)节能环保业务。在公共建筑、数据中心等开展节能服务，在工业园区提供能源托管和综合节能服务，面向一般商业及家庭用户提供智慧家居、智慧用能服务。

(4)能源环保业务。包括碳资产管理、绿证管理、绿色能源认证等服务。国家免费发放给企业的碳配额在市场上是有一定价值的，具有金融属性，故可称为碳

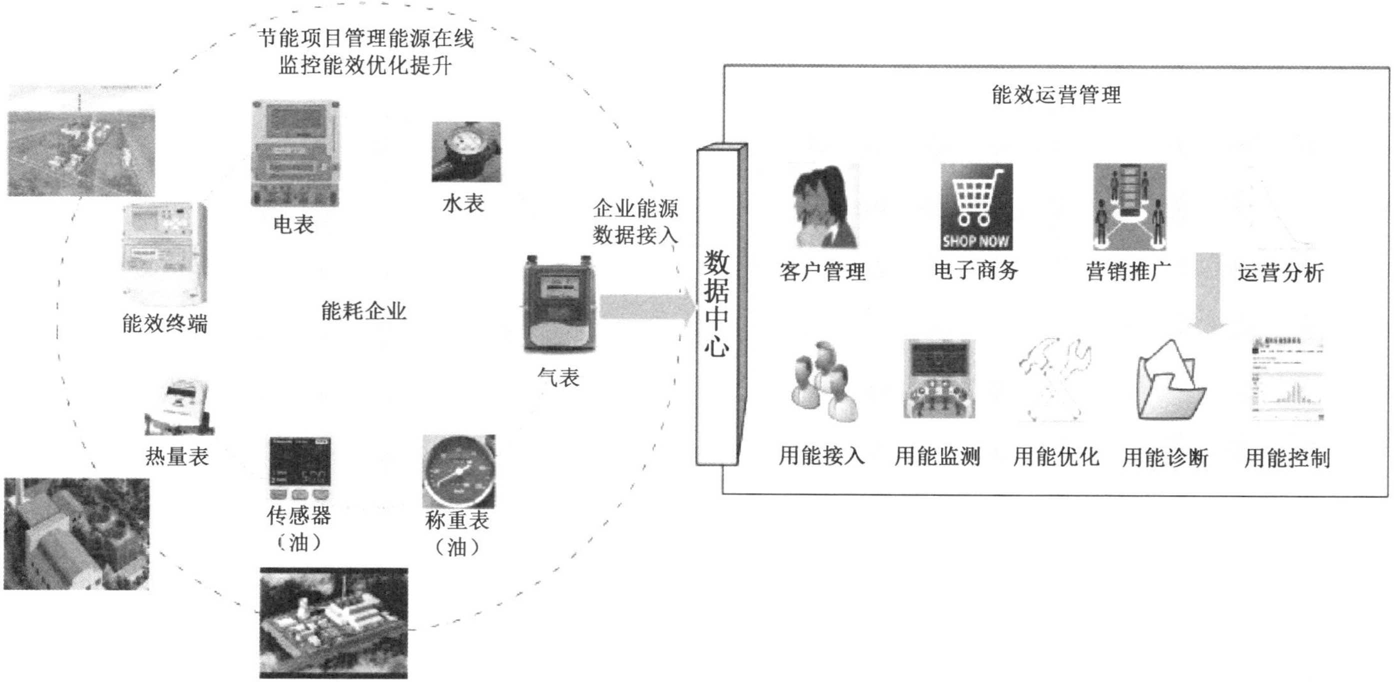

图 7-4　能源增值服务业务

资产。碳配额可以交易买卖，还可衍生出多种融资工具，为贷款融资困难的高能耗的企业在融资方面可能拓展出一条新的道路，有很大的操作性。综合能源服务企业可以通过为相关企业提供有效的管理，让碳资产盘活并产生效益。

(5)用电工程类增值服务。包括用电工程咨询、设计、施工、配电资产运维等服务。

(6)能效增值服务。通过在企业内部部署传感器、采集设备，实现从企业主体导厂区、生产线、设备等多层次实时监测预警，开展合同能源管理、综合节能咨询等服务。

以智能家居为例，家庭路由器因为产品和用户惯性顺利成为户用支付入口的必经断面，不仅成功建立了智能电视、手机等设备的入口环境，也为户用能源管理提供了便利的整合界面。然而，能源服务行业，由于长期的超重资产属性，难以向户用层面进行延伸。因此，综合能源服务与智能家居这两个貌似风马牛不相及的产业，也有了双赢的契合之处。

3. 分布式能源+服务业务

分布式能源是大气污染治理的有效途径，通过热、电、冷、气多联供方式实现能源的梯级利用，大幅提升能源综合利用效率，将成为大型能源系统的有效补充，是能源高效清洁利用的重要方式。储能是多能源子系统的综合纽带，也是未来综合能源系统的心脏。综合能源系统中的储能不仅仅是指电能的存储，更加注重电能与其他能源之间单向转换和存储技术，以及其他的多种能源之间的单向或者双向转换和存储技术，最终的目标是实现多种能源在时间、空间维度上的完全结合，实现综合能源的解决方案的一般商品化产供销模式。

市场化定制化凸显背景下，系统对于分布式能源的聚合管理难度越来越大。储能可以充当能量的聚合器，集中产能端和用能端的资源，与能源转换装置相互配合，共同维持系统和能源市场灵敏高效运行。基于上述分析，分布式能源+服务业务(如图 7—5 所示)是指结合分布式能源、储能、微电网建设，开展综合能源服务。以综合能源站为骨干节点推进“四网融合”，整合现有营业、运维、检修等资源，一方面提供电、水、热、气等多种产品的综合能源；另一方面提供设计、投融资、建设、运营、管理、维护、合同能源管理、市场交易、租赁等的综合服务，一站式满足用户差异化需求。

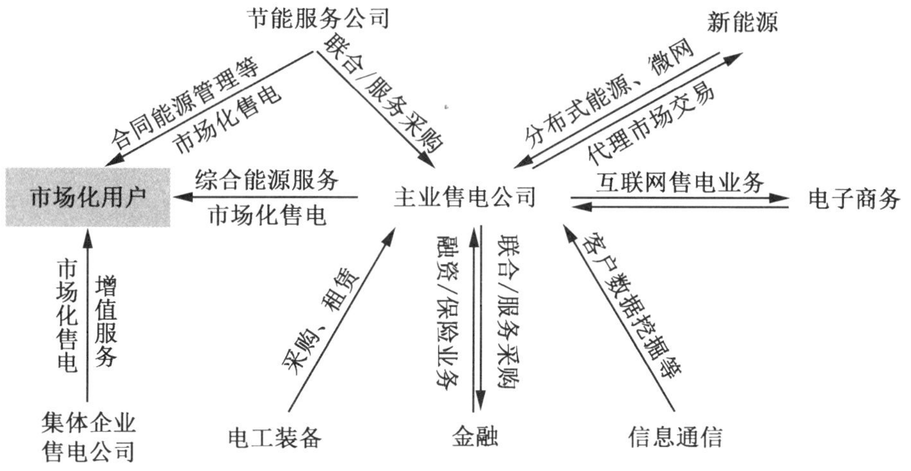

图 7—5　分布式能源服务＋业务

4. 跨界经营

综合能源服务产业的发展本质是跨界，即相邻产业超低边际成本市场的引入，其过程是与相邻产业的产品和生态的协同设计与建设。未来公司所属各类企业可利用积累的客户资源，开展跨界经营，开拓各类能源和非电新业务，如图7—6 中所示的能源团购、能源审计、交易预测、金融信贷等服务。

同样，以 ICT 技术为基础前提的综合能源服务产业，仅仅以 ICT 为线索，也可以与为数不少的相邻产业建立合作关系。这一方向的协同发展，必将成为该产业发展的新趋势。

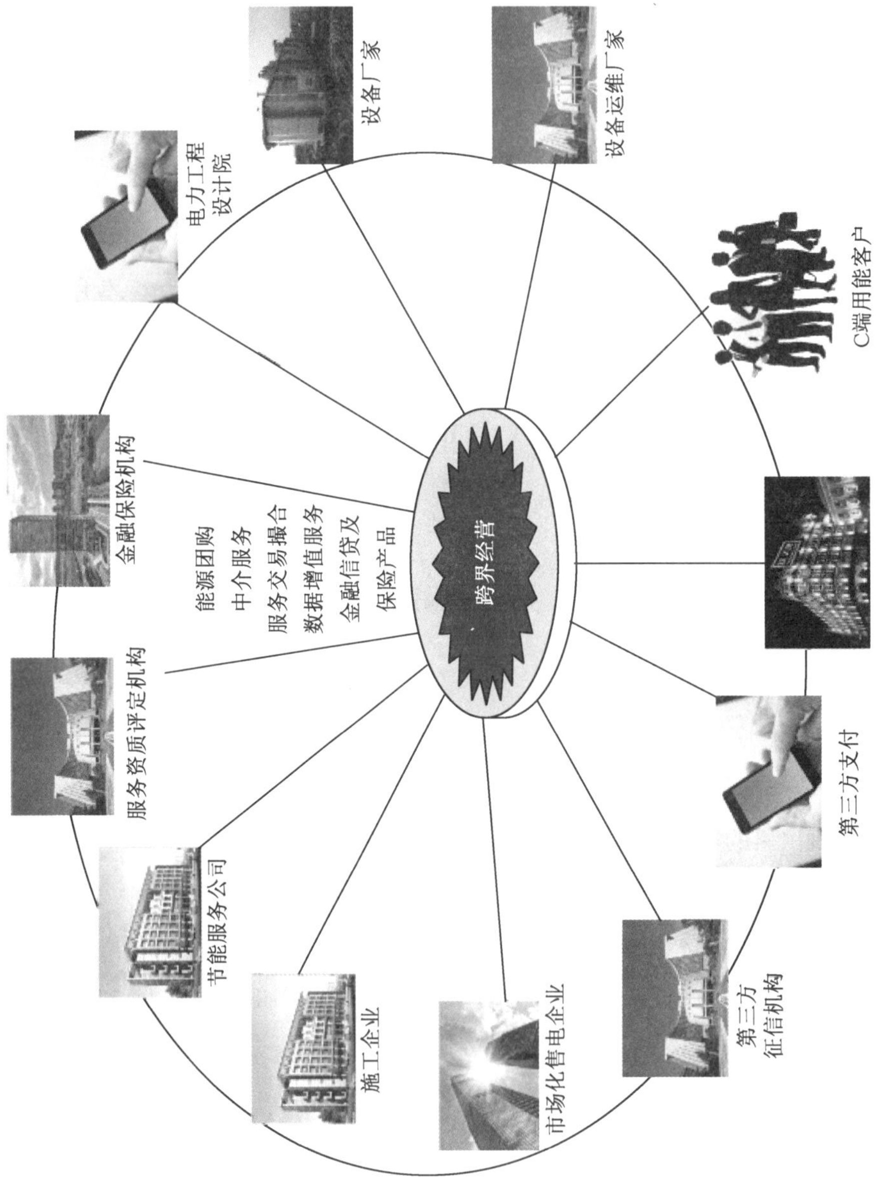
跨界经营
电力工程设计院
设备厂家
设备运维厂家
C端用能客户
大型用电企业
第三方支付
第三方征信机构
市场化售电企业
施工企业
节能服务公司
服务资质评定机构
金融保险机构
能源团购
中介服务
服务交易撮合
数据增值服务
金融信贷及保险产品

图 7-6 跨界经营业务

三、业务模式组合

在当前的电力初级市场化阶段下，综合能源服务发展路径如图7—7所示。实施过程中应：(1)尊重现实；(2)保持谨慎乐观，充分考虑现货风险；(3)寻找“沉默大多数入口”；(4)做好业务组合设计。

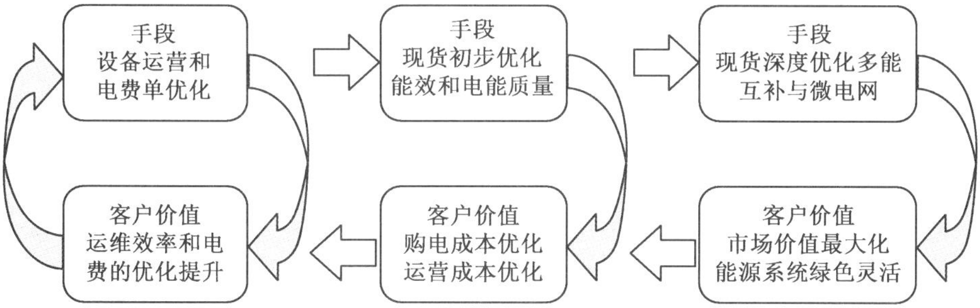

图7—7　综合能源服务发展路径

(一)三个阶段的业务组合设计

(1)在市场化的初期，即“大部分计划与小部分市场”，售电业务作为入口型业务有三方面的缺陷：一是客户黏性偏低，容易陷入价格战，纯粹关系型营销很难持久；二是政策不确定性偏高；三是未来在现货交易市场需要更高的交易管理能力，大多数售电公司不具备这个能力基础。因此，除常规售电业务以外，获得客户入口的最佳业务是用电服务，包括设备运维和电费单优化，其客户价值在于提升运维效率，保障供电可靠性，优化企业电费支出。通过基础的用电服务，结合售电业务，可以极大地提升客户信任度和黏性，为后续业务奠定基础。其盈利模式可以是运维与优化节约产生的收益，也可以叠加售电收益。

(2)在市场化的中期，即“大部分市场与小部分计划”，在前期用电服务的黏性流量基础上，叠加现货交易优化和专业用电服务(电能质量和能效服务)，其客户价值在于购电成本与运营成本的协同优化。其盈利模式主要包括基础用电服务收入、专业服务收入以及售电收入等。

(3)在市场化的后期，即“绝大部分现货市场”，围绕客户综合能源成本最优的目标，叠加现货的深度优化服务，如期货、电力金融、现货交易策略等服务的组合；以及微电网与多能互补等。

（二）每个阶段实现业务价值闭环

在发展路径中，每个阶段的业务价值应该是自循环的，即脱离下一阶段的商业模式，自己也能有足够的现金流存活下去。能源业务不应采取互联网烧钱模式，因为互联网的战略阶段是短周期，每个阶段可能以3～6个月为周期进行转移，烧钱是有明确的阶段性预期的，流量能很快转换为现金流。

能源行业作为2B(to business)业务，其战略阶段周期较长，上述每个阶段至少在3～5年，甚至彻底过渡到现货市场需要10年以上，任何一家企业都没有持续大规模烧钱5年以上，以获得未来一个高度不确定市场收益的能力。

因此，综合能源服务需要特别强调每个业务阶段的正向现金流，确保在脱离下一阶段的预期下，业务能够在当前阶段较好地运营下去。因为电改的推进节奏存在较高的不确定性，现货市场的推广以及价格波动的限制的缘故，因此要做好预期管理与风险分析，并且每个阶段都以客户当下实际的价值实现和交付为主要目标。

（三）价值闭环之间的承接关系

每个业务阶段除了考虑当下的业务价值和盈利模型闭环，更要考虑三个阶段之间的有机结合，如何可以较为平滑，且在提升客户的获得感的前提下过渡到下个阶段，这就是价值闭环之间的承接关系。

第一阶段与第二阶段的价值承接点是客户信任，只有当客户信任和黏性通过高频接触的运维和电费服务建立起来了，客户才能放心地把后续的能源运营过程和数据交给你，这样才能做第二阶段的现货服务和专业用电服务，这也是为什么不能直接把售电作为价值承接点的原因——黏性很容易被简单价格战破坏。

第二阶段和第三阶段的价值承接点是能源运营的产业链能力，只有通过现货和专业服务，客户才能真实地感受到服务提供方的专业性，能够将服务提供方视作长期合作和全方位合作伙伴，才能更深度地让服务方参与整个能源运营过程，拓展微电网与多能互补及其他衍生业务等组合业务。同时，需要建立相应的能源运营产业链管理能力，包括专业服务、现货交易能力、电力金融、大数据团队等。

第四节　合作伙伴

为了获取多种必要资源，提升为客户提供综合解决方案的能力，综合能源服务企业必须发展合作伙伴关系，建立优秀的网络连接能力，创建互利互惠的商业生态圈。企业发展伙伴关系，通常包括非竞争者之间的战略联盟关系、竞争者之间的战略联盟关系、开发新业务的合资企业、发展稳定供应商的采购商—供应商合作关系，从而有效促进规模效应、减少风险和获取资源等。与综合能源服务企业发展伙伴关系相关的企业（如表7—3所示），主要包括能源行业的大企业、非能源行业但为大量客户提供能源相关服务的机构、非能源行业的专业技术企业或者能源行业小微企业三种类型。

表7—3　　合作伙伴

	能源行业的大企业	非能源行业但为大量客户提供能源相关服务的机构	非能源行业的专业技术企业或者能源行业小微企业
举例	大型电力供应企业、大型城市燃气企业、大型节能服务企业、大型能源装备制造企业等	园区管委会、大型互联网平台企业、大型钢铁集团、大型化工集团、公交集团、房地产企业等	金融企业、环保企业、大数据企业、云服务企业、人工智能企业、建筑设计企业、电力设计院、小型节能企业、小型负荷集成商、家电生产商等
所具备的资源	资质、技术资源、资本资源、客户资源、线下服务能力	客户资源、线上服务能力	技术资源
可能的策略	可能主导或者参与发展	可能主导或者参与发展，但都需要与能源行业的大企业合作	通常不会主导发展，而会参与合作

一、能源行业的大企业

能源行业的大企业，通常有较好的上游供应能力，在某个专项领域已经具备较强实力，一定程度上具备资质、技术、资本、客户、线下服务能力等资源，可能主导或者参与发展综合能源服务企业。该类企业通过发展综合能源服务，可以增强客户黏性，从而促进反哺上游业务发展，包括促进上游收入规模的增加、上游收入风险的减少等。能源行业的大企业之间存在一定的合作需求，以求快速填补业务空白，例如售电企业与地方燃气企业的合作，供热企业与分布式能源装备制造企业合作等。该类企业之间的合作具有一定的不确定性，因为双方具有业务重合、同质化竞争的可能性，通常采取战略联盟、采购商—供应商的合作方式。

二、非能源行业但为大量客户提供能源相关服务的机构

非能源行业但为大量客户提供能源相关服务的机构，有较好的客户资源，可能主导或者参与发展综合能源服务企业，但该类企业由于在资质、技术、资本等资源方面存在较多空白，难以独立提供综合服务，因此大都需要与能源行业的大企业开展合作，例如通过合资、战略联盟、采购商—供应商合作方式成立综合能源服务企业。以大型互联网平台企业为例，它们具有强大的平台流量优势和互动服务能力，对 APP 产品开发、大数据分析、商业模式创新积累了大量经验，可以与能源行业的大企业以战略联盟、采购商—供应商合作方式提供强互动的综合能源服务。

三、非能源行业的专业技术企业/能源行业小微企业

非能源行业的专业技术企业，或者能源行业小微企业，具有专业服务能力、专利技术资源等，由于缺乏资质、技术、客户等资源，很难主导发展综合能源服务企业，主要以参与为主。由于综合能源服务企业会提供一定的非能源服务，例如垃圾处理、碳交易、物业管理、建筑物维护、节水管理、智慧生活、大气治理等，以充分满足客户多元需求、增强客户黏性，因此需要与非能源行业提供专业技术服务的企业合作。另外，综合能源服务企业可与能源行业小微企业合作，如专业节能企业、能源大数据企业等，快速填补资源空白。尤其对于采用开放

平台型商业模式的综合能源服务企业，更加倾向于同能源行业的专业技术企业，或者能源行业小微企业合作。

第五节　关键资源能力

一、综合能源服务企业面临的挑战

在现有的商业环境中，综合能源服务企业面临多客户类别、多竞争主体、多专业技术领域、多用能需求、多供应链、多基础能力以及全新的供用电体系带来的需求、技术、生态、管理差异性大、复杂性高的挑战。

(1)多客户类别。例如有高耗能工业、新兴产业、公共建筑、住宅建筑、交通等领域的不同细分类别客户，而不同客户的需求差异性大。

(2)多竞争主体。一方面包括市场化的售电公司、配售一体化公司会成为新的售电主体；另一方面，包括微网运营商、分布式发电商以及储能设备运营商也可能成为新兴的竞争主体。

(3)多专业技术领域。例如电力、燃气、供热、分布式能源、节能、需求响应、车联网、环保等专业，而不同专业领域的技术差异性大。

(4)多用能需求。一是需求的综合化：不仅有用能需求，还有节能需求；不仅需要 kWh，还需要负的 kWh；不仅用电，还需要电、热、冷等综合能源解决方案。二是需求主动化：用户可以依据价格信号主动向系统反映新的用能意愿。三是需求定制化：用户的个性化和自主化程度更高，要求根据差异化的需求，提供定制化的用能方案。

(5)多供应链。供电、供热、供气、光伏装备、生物质装备、风电装备、热泵等，而且不同供应链的商业生态差异性大。

(6)多基础能力。例如规划设计、施工、运行、科研、营销、融资、投资、法律等，不同基础能力的管理制度差异性大。

(7)全新的供用电体系。综合能源服务企业面对的不再是传统的“发—

输—配—用”类单向的 B2C 电力供给体系，更多“用—配—用”“用—用”等 C2C 双向电力供给体系正在形成，能量交换途径更加多样化。

二、综合能源服务企业需具备的关键资源能力

基于上述挑战，为适应能源供给侧结构性改革和满足用户需要，占领市场，综合能源服务企业必须具备以下五类重点资源的所有权或者使用权。

1. 数据信息资源

综合能源服务企业需基于大量的电力数据、相关客户数据及设备数据，来提高电力负荷特性分类精度、用户用电行为细分处理、制定营销策略等，因此数据信息资源是综合能源服务企业未来业务发展的核心竞争资源。

2. 资质资源

综合能源服务企业的核心业务是能源服务，主要是集中供电、热、水、气以及设计、施工等。资质资源是指综合能源服务企业可以提供能源供应的资格证明，代表企业在能源供应领域的等级以及可承揽工程、可供能源的范围。

3. 技术资源

综合能源服务企业除提供电力、天然气等传统的产品和服务之外，还提供诸如安全性服务、维护服务甚至融资服务等类型的产品。运用大数据和云计算技术可以用于分析用户需求、负荷预测、设备管理、信息化管理、配电运维、需求响应等，提供有效的决策支撑服务。运用物联网技术可以根据环境、设备状态智能感知，通过自适应调控电机、照明设备的电源及工作状态，达到有效节电的目的。为跟上市场节奏，满足客户新需求，适应发展新环境，综合能源服务企业需要“互联网＋”、大数据技术、云计算技术、电子商务、互联网支付及金融服务等先进技术提供强有力的支撑，以便为客户提供多元化的综合能源服务。

4. 用户资源

综合能源服务的宗旨是为用户提供高效智能的能源供应及增值服务。它的兴起代表着我国能源行业重心已从“保障供应”转移到“以用户为中心的能源服务”。服务的本质是让用户满意，能赢得市场竞争的企业不是以技术为导向，

也不是以竞争对手为导向，而是以用户为中心，需要建立长期的客户黏性。因此综合能源服务需具备较好的用户资源。

5. 资本资源

资本资源主要是指资本，其本质是资金。许多希望开展综合能源服务的企业常由于资本不足或无力筹集而没能发展，例如分布式能源的投资建设运行是资本密集型投资，同时能源销售、节能服务等也需要一定的周转资金。因此，综合能源服务企业需要强大的资金规模为支撑。

6. 人才资源

综合能源服务的核心业务涉及电、热、冷、气等诸多能源领域，表面是多种能源的耦合，项目内涵却是功能的优化，满足用户降本并提高服务的需求。然而，综合能源服务企业在面对单一用户或园区用户时，为能够快速匹配用户需求、短时间开展编制形成高质量技术方案，需储备上述专业的技术人才、资质业绩和从事规划、设计、施工、运营等能力团队。

第六节　盈利模式

进一步梳理综合能源业务模式后构建的综合能源服务的理想盈利模式中，综合能源服务企业盈利主要来源于以下 4 个方面：

1. 潜在的收益来源

潜在的收益来源，包括土地增值和能源采购。这种模式主要应用于园区，土地增值方面，主要体现在入驻率上升、开工率上升和环境改善；而能源采购方面，主要体现在园区用能增加，电力、燃气以及 LNG 的议价能力提高。

2. 核心服务

核心服务，包括能源服务、基础购售电、差异化绿色化套餐设计以及质量管理。能源服务方面主要体现在集中供电、热、水、气等能源，节约成本；基础购售电业务及套餐设计主要体现在售电公司从电力批发市场中购电，包括现货市场和金融市场交易，然后零售给终端用户赚取差价。通过合理预测购电需求和市场价格，制定现货、中长期、期货、差价合约等多种交易合同组合，优化购电策略和成本，对冲市场风险。细分客户群体特点及消费规律，为用户提供多元化、个性化和套餐式电价服务，如提供季节性、时段性、定制式电价套餐等，通过丰富的价格套餐满足客户需求。

3. 基础服务

基础服务，包括能源生产、清洁能源开发与供应、能源资源综合利用。能源生产包括发电和虚拟电厂，发电方面主要体现在清洁能源发电和可再生能源发电，若自用电比例越高，收益越好；而虚拟电厂方面主要体现在储能、节能、跨用户交易和需求侧响应；清洁能源开发与供应方面主要体现在通过投资清洁能源发电和电动汽车等进行盈利；能源资源综合利用方面主要体现在电网投资发展分布式电源，通过运营获得盈利。

4. 增值服务

增值服务，包括能源数据增值服务、供电增值服务、金融服务、用电工程类增值服务、能效增值服务、节能环保业务、一站式增值服务。能源数据增值服务方面主要体现在为客户提供能效诊断、节能改造、能源托管、碳资产咨询与管理等服务时收取管理咨询费用，获取利润；供电增值服务主要体现在为客户提供节能服务、数据咨询服务、管理信息化云服务时收取管理咨询服务，获取利润；金融服务业务方面主要体现在提供融资租赁和征信服务时盈利；用电工程类增值服务主要体现在为客户提供用电工程咨询、设计、施工、配电资产运维等服务时收取的服务费用；能效增值业务主要体现在为客户提供合同能源管理、综合节能咨询等业务时收取的服务费用；节能环保业务主要体现在为客户提供的节能服务、智慧用能服务时分享节能收益；一站式服务主要体现在为客户提供综合能源服务时的收益。

第八章○○○○○○○○○

综合能源服务市场发展关键问题及完善措施

和传统能源管制性业务不同的是，综合能源服务更强调市场营销与服务体系的建立和完善，需要更多深入用户侧的行为和技术支持。同时由于是竞争性业务，必然会产生市场主体对抗的现象。和其他竞争性业务一样，开展综合能源服务项目的条件也是参差不齐，优劣难分，同样存在极大的市场风险。

从国外能源服务商业模式的情况看，能源产业的巨头很多是从事电、热、气乃至水、通信和广电等各项业务的综合型企业。仿效国外能源企业扩展专业服务的愿望无可非议。但是和国外在能源监管法律体系基本完善的情况不同，中国的电改仅仅开始了三年(以 9 号文颁发作为时点)，能源改革尤其是能源监管政策方面的道路任重而道远。鉴于此，在综合能源服务刚起步的阶段，本章提出了构建综合能源服务市场需要规范的关键问题。

第一节　综合能源服务市场需要规范的关键问题

一、以非常规手段推广综合能源服务

传统垄断企业进入市场几乎没有成本，由此造成了市场抗拒垄断业务的力

量非常薄弱。不仅仅是企业无法抗拒，甚至连地方政府都难以拒绝。因此，在监管暂时没有到位的情况下，属于非管制业务的综合能源服务首先要规范以下问题。

1. 利用管制业务阻止其他市场主体进入

目前我国能源产品的销售还处于垄断时代，用户很难有自主选择提供能源产品服务企业的机会，而综合能源服务是依附于产品销售之上的用户增值业务。因此，垄断企业非常有可能以不能稳定提供管制业务服务为理由，阻止其他市场主体进入综合能源服务市场。比如燃气市场的企业有可能以不能稳定供应燃气为由，阻止电力企业去获得燃气项目。

2. 利用管制业务向用户强行推销竞争性业务

垄断企业在实施管制业务的同时，希望在用户中开展综合能源业务的服务，用户很难拒绝这种“被服务”，从而使其他市场主体难以与垄断企业竞争。比如石油类企业以石油供应为由强制要求用户购买新的储油管理软件。

3. 向供应商强行摊派综合能源服务业务

由于垄断企业业务量较大，围绕其周围的供应商群体更为庞大，当垄断主体开展管制业务时，把竞争性业务的机会传递到供应商，要求供应商配合并为此付出供应产品额外服务成本；有的企业甚至会要求达到所谓综合能源管理指标才能成为合格供应商的情况。比如有垄断企业要求供应商提供过高的产品检测标准，使得相关检测服务业务得以在供应商中获得收益。

二、以综合能源服务的名义增加用户负担

一般来说，综合能源服务可以提升企业多能互补，降低能源成本和提升能源管理水平。但是由于垄断权力的延伸，加上非管制业务属于市场定价，在为用户提供综合能源服务时需要规范以下情况。

1. 以综合能源服务的名义收取非正常利润

即使垄断企业在提供综合能源服务的过程中，能够满足用户的需求，也要防止利用垄断权力收取比市场平均利润更高的报酬。目前我国制造业的利润

基本在10%左右，而现在不少综合能源服务公司成立初期就把利润目标放在20%以上，这无形中使得企业本来利润不高的产品雪上加霜。比如企业节能服务本来按照市场价格双方是五五分成的，但是垄断企业有可能获得节能分成的90%。

2. 综合能源服务的介入影响企业正常运行

在综合能源服务的过程中，综合能源服务企业为了配合垄断企业所谓的综合能源服务要求，对企业各种资源的调配和管理进行重组和构建新的体系，将会直接影响企业的正常运行；当一个企业没有做好综合能源服务的准备，如果强制实施综合能源服务，就会使得企业恰得其反，事倍功半；比如企业曾经分散的能源管理模式更适合生产运转，但由于综合能源服务要求集中管理，反而影响了企业正常的生产运行。

三、以综合能源服务业务转移主业利润

目前我国垄断企业管理业务的成本监审制度非常薄弱。在管制业务边界并不十分清晰的情况下，要特别注意以下问题。

1. 以综合能源服务业务开展的名义转移主业的潜藏利润

作为竞争性业务的综合能源服务，通常都是和非竞争性的主业同时实施。这种情况非常容易将非竞争性业务中潜藏的利润以综合能源服务的方式输送到非监管体系之中，从而使得综合能源服务商的主营业务看上去效益很差，而辅助业务则盈利能力很强。当监管难以到位的时候，无形中就会增加社会成本，侵占公众利益。

2. 利用主业服务价格的调节手段"创造"综合能源服务的利润

目前我国垄断行业的终端价格虽然属于政府管制，但是主营业务服务过程中的很多中间环节难以核定。企业非常有可能利用主营业务中间环节服务价格的调节，要求用户给予综合能源服务业务更高的利润回报。比如降低某项主营业务服务的价格，同时要求在综合能源服务业务中得到更高的回报。

3. 主营业务和综合能源服务业务产生大量的关联交易

作为竞争性业务的综合能源服务，其开展起来需要强大的市场拓展能力。和其他市场主体不同的是，垄断企业可以利用主营业务优势，将综合能源服务与用户绑定，从而衍生出强关联交易。当资本市场或者国企考核需要调节利润的时候，两块业务可以互相支援，遥相呼应，从而带来某块业务效益较好的繁荣假象。

四、混淆管制业务和竞争性业务界限

鉴于综合能源服务和垄断业务的不同市场化性质，管制业务和竞争性业务的很多界限未能界定，必然会出现以下问题。

1. 混淆管制业务和竞争性业务的技术界限

从社会整体安全稳定考虑，管制业务一般同时设置更高的安全系数和更高的技术支持体系。不仅仅是垄断企业本身，而且用户也必须配合。当竞争性业务介入到管制业务的时候，垄断企业非常有可能利用模糊的技术界限来提高竞争性业务的技术要求，当技术要求很难达到的时候，就可以变相推销竞争性业务，从而使得综合能源服务业务获得超额利润。比如以安全为原因，提高通信技术标准，使得用户增加大量的通信初始投资成本。但是如果是关联的服务企业则可以获取相对较低的技术服务要求。

2. 混淆管制业务和竞争性业务的成本界限

正是由于技术界限的模糊，管制业务和竞争性业务的成本界限在市场竞争中更是难以厘清；垄断企业非常有可能混淆综合能源服务业务的成本支出，把竞争性业务的成本摊销到管制业务成本支出项目中，从而为竞争性业务创造利润。比如延伸管制业务的运维服务功能，在市场终端获得更高的运维利润。

第二节 综合能源服务市场需要规范的完善措施

一、在国家层面上需要相应政策、管理体制和制度的保障

能源问题涉及范围广泛，包括石油、天然气、煤炭、电力等多种能源供应系

统，而其终端用能单元则遍及社会的各个行业、各个组成单元，最终与每个社会成员息息相关。因此，为保证社会能源供应系统的安全和可持续发展，必须在国家层面上进行统筹和协调。

1. 建立适应我国国情的国家能源综合管理职能部门

由其制定相应的能源法律、法规，以协调不同能源供应参与方的利益。综合能源系统的发展与建设需要电力、石油、煤炭、天然气等能源行业的设备制造商、科研单位、用能单位等的共同参与和相互协作，同时也与国家发改委、商务部、国土部、电监会、安监总局等多个职能部门密切相关。为了实现社会综合能源系统的可持续发展，应在适当的时间和条件下在国家层面建立和强化综合能源管理机构，由其统一负责制定能源领域内的法律、法规和政策，总体协调和组织我国能源系统的建设与发展。

2. 建立综合能源研发机构

对能源领域的重大问题开展研究，以利于能源领域的合作、融合与协调发展。现阶段我国社会能源供应系统之间的耦合程度不断加强，各能源供应系统之间需要不断加强协调与配合；同时，各能源供应系统长期独立运行，缺乏有机协调的现状已对我国能源供应的安全性和可靠性产生了不良影响。而随着我国能源需求的不断增加，节能减排力度的不断加大，能源领域各行业之间的耦合、冲突和相互影响还会不断增多，为此应由国家成立专门的综合能源研发机构，对我国社会经济发展中面临的一些能源领域的重大问题开展研究。

3. 在政策上鼓励综合能源供应商的筹建

一次能源需要通过阶梯利用实现能源利用效率的提高；可再生能源的规模化开发需要不同能源系统间的协同与配合；用户多样化用能需求的满足，同样需要不同供能系统之间的协作；不同供能系统（供电/供冷/供热）峰谷交错造成的设备利用率低下的问题，也可通过不同供能系统间的协调配合得到缓解，上述问题的实现亟需综合能源供应商的出现。综合能源供应商可以为用户提供各种用能需求的一体化服务，同时通过不同供能系统和不同用能单元之间的协同配合，达到企业效益最大化和用能效率最佳的目的。国家应在政策上允许和鼓励筹建区域性或全国的综合能源供应商，通过企业自身的参与，促进不同能源系统之间的协同和优化，为终端用户提供能源方面的一体化解决方案。

二、区域层面上需要开展综合能源供应网络的规划工作

由于各种区域能源供应系统（电力、天然气、热力等）彼此缺乏协调，长期存在设备利用率低、安全性低、灵活性差等问题。未来应逐步建立起适合综合能源供应系统运营的相关机制，并根据不同区域的实际情况，对各类能源的供应网络进行统一协调和规划，在实现多种能源输入的同时满足用户电/热/冷多种能量形式的需求，同时通过能源的按需匹配、逐级利用来实现能源利用效率的优化，来减少能源网络建设和运行费用。为此需要关注如下几点。

1. 适合我国不同区域需求的综合能源供应模式研究

我国幅员辽阔，各地的气候条件和用能需求各不相同，为此应根据各地具体需求，探索我国不同区域的最佳综合能源供应方式，主要包括：(1)从气候特点上考虑，应探索适用于我国北方高寒区域、过渡区域（黄河与长江间所辖区域）和南方温暖地区的最佳综合供用能模式。(2)从用能和供能关系上考虑，应探索能源输出区域（如中西部能源输出省市）、能源输入区域（如东部能源输入省市）、能源传输区域的用能和供能最佳模式。对于能源输出区域，其本地用能需求小于能源产出，因此在保障本地用能需求的前提下，如何保证能源的安全高效外送是首要解决的问题。对于能源输入地区，其本地的能源供应主要来源于外部输入，如何保证能源的平稳、安全和高效供应，则是其关注的重点。(3)应研究适用于我国（特）大型、中型、小型城市及乡镇的区域综合供用能模式。随着我国现代化水平的提高、城镇化进程的推进，我国在很长时期内将出现大、中、小城市及农村乡镇并存的格局，不同体量的城市规模，其供用能模式存在显著差别，为此需根据城市规模大小（大、中、小）、城市定位（综合型、工业型、商业型、旅游型等）、区域分布（东、西、中部；发达地区、欠发达地区）等情况，探索适用的城市、乡镇区域供用能模式。

2. 综合能源供应系统综合建模、仿真分析技术研究

构建适用于不同需求的综合能源供应系统，离不开科学的分析模型、计算工具和仿真技术。为此需要研发适用于综合能源供应系统分析和优化的综合建模理论和仿真技术。综合能源系统涉及多种能源环节且形式特性各异，既包含易于控制的能源环节（如常规电厂、CCHP、储能系统等），又包含具有间歇性和难以控制的能源环节（如风力发电、光伏发电等）；既包含难以大容量存储的能源（如电能），又包含易于存储和中转的能源（如热能、燃气、氢能等）；既包含元件级或设备级（如各类电气设备、燃气设备、热力设备等）的动态，又包含单元级能源系统（如建筑综合供能系统、微网供能系统、CCHP 系统）的动态，还包含更为复杂的区域级综合能源系统动态，由此决定综合能源系统的建模过程极其复杂。利用分析手段对综合能源系统进行仿真研究，揭示其运行机理和动态特性，是其推广应用的前提。而对于综合能源系统这样一个极为复杂的动态系统，在进行仿真研究时，需要同时考虑其在时间、空间和行为这三方面的复杂性：

（1）时间复杂性。主要表现在分析研究中，既要考虑传输速度极快的环节，如电力系统，其能量的传输和变换以光速实现，几乎瞬间完成，其动态在纳秒到毫秒时间尺度上描述；也要考虑传输速度慢、具有较大时延的环节，如燃气、热力等管道系统，其动态需在秒、分钟甚至小时级时间尺度上描述。仿真分析技术还要兼顾规划评估等长时间尺度和运行控制等短时间尺度场景分析的需要等。

（2）空间复杂性。主要表现在分析研究中，既要考虑单一能源环节内部的动态，又要考虑不同能源环节的相互影响；既要考虑能源在区域大范围内的平衡和互济，又要考虑能源在局部的优化与消纳。

（3）行为复杂性。主要表现在分析研究中，既要考虑系统的连续环节，又要考虑大量的不连续（如跃变、切换、滞回等）环节的影响；既要考虑确定性的因素，又要考虑大量不确定性因素的影响；既要考虑可量化因素，也要考虑不可量化因素的影响。时间、空间和行为这三方面的复杂性，决定了用于综合能源系

统的仿真技术，需要解决多时标、高维数、大量非线性等难题，研究难度更大。

3. 区域综合能源供应系统优化规划理论研究与技术开发

以往各供能系统单独规划、单独设计和独立运行所引发的供能系统安全性低、用能效率低、设备利用率低等问题如今已饱受诟病，进行供能系统的综合规划势在必行。其规划工作进一步又可细分为区域供能网络规划和区域终端综合供能单元规划。

4. 区域综合能源供应系统试点工程

通过试点工程，掌握综合能源系统的核心技术，探索综合能源供应商的运营模式，为进一步推广应用打下基础。试点工程的选择应考虑区域分布特点及功能定位、气候异同、供用能模式的典型性等因素。

三、建立健全项目管理体系

1. 应尽量对实施企业进行项目前信用评价

警惕强势企业借新概念侵害弱势群体利益，更要对实施企业有充分的认识。很多综合能源服务项目都以合同能源管理形式介入，要求服务企业和实施用户具有长期的业务关系。当业务关系一旦形成，用户信用是否能够支撑综合能源管理项目的开展就至关重要了。因此，在项目实施之前，对用户进行信用评价或者市场信用调查是非常必要的。

2. 应尽量为服务对象建立资金管理体系

综合能源服务属于跨专业和学科的集成类项目，对企业管理理念和企业员工素质的要求相对较高。当一个综合能源服务项目方案提出的时候，表面看似乎能够解决企业的很多问题，但是非常有可能由于管理理念的不同和员工素质跟不上并缺乏培训，导致项目难以开展。因此，建议实施企业要量力而行，健全企业管理和人力资源管理体系方能顺利开展此类业务。

发展清洁能源产业，推进能源生产和消费革命，构建清洁低碳、安全高效的能源体系，是党的十九大报告对未来能源发展方向的定位。推动能源生产和消费革命要求建立多元供应体系，不仅是指宏观层面的国内外能源资源供应体系，也包括满足终端消费多元化需求的、清洁低碳、节能高效和安全的供应体系。在新一轮工业革命的条件下，综合能源系统是满足多元供应体系的具体实现方式。当前，我国综合能源服务正处于起步阶段，因此应从国外综合能源服务市场发展中总结经验，建设符合我国国情的综合能源服务市场。

四、加强项目物联网基础建设

尽量选择工业物联网基础好的企业作为服务对象，尽量为服务对象建立性价比更好的工业物联网基础设施。

1. 尽量选择工业物联网基础好的企业作为服务对象

从目前看来，综合能源服务和能源互联网的应用是一脉相承的。而目前能源互联网难以落地的原因，正是因为物联网的基础非常薄弱，无法准确反映服务需求，从而导致项目搁置。因此，在承接综合能源服务之前，最好对用户的信息化和物联网基础有非常充分的认识，再去对症下药和提出综合能源服务的方案。像天合这种进入智能制造时代的企业，有着工业物联网非常好的基础，布局综合能源服务业务一定会事半功倍。

2. 尽量为服务对象建立性价比更好的工业物联网基础设施

当用户的工业物联网甚至信息化基础难以达到大数据应用要求之前，综合能源服务的实施企业应先从为服务对象建立性价比更好的工业物联网入手，使其能够在用户数据采集、分析和应用的基础上得以夯实，从而真正达到综合能源服务的专业水准。

第九章。。。。。。。。。

综合能源服务市场发展趋势分析

随着电力体制改革及能源互联网的深入推进，综合能源服务被越来越多地提及。综合能源服务内涵宽、层次多、形式丰富、潜在需求和节能减排贡献潜力巨大。目前综合能源服务市场规模已经达到4.77万亿元，到2020年，市场规模将接近7万亿元，增长45%，市场潜力非常巨大。

当前，我国能源消费供给、能源结构转型、能源系统形态呈现新的发展趋势。随着互联网信息技术、可再生能源技术以及电力改革进程的加快，开展综合能源服务已成为提升能源效率、降低用能成本的重要发展方向，也将成为各企业新的战略竞争和合作焦点。未来在电力企业间展开的竞争，不仅仅是发配售输电，更是朝着全方位、综合性的能源服务发展。

第一节　综合能源服务产业发展新态势

目前，我国的综合能源服务市场尚处于起步阶段。综合能源服务的出现促进售电市场能源供应模式多元化，推动信息产业（互联网、大数据、云计算、物联网等技术）和能源产业的融合，使传统供能（供电、供热、供冷、供水等）系统、各类型分布式可再生电源、储能设备、电动汽车、智能电网/微电网以及其他可控负荷之间实现协调优化控制，同时实现电力终端系统中局部系统的微平衡和局部系统之间的关联平衡，使得各种能源形式优化配置、互联互通，也催生出更多的消费模式和商业模式。综合能源服务的发展出现了新的态势。

一、能源金融

能源金融是能源系统与金融系统相互渗透、相互融合形成的系统，从本质上说，能源金融属于金融整体系统的一个子系统。能源金融是能源产业和金融产业发展到一定阶段的产物，能源产业的金融需求，以及金融产业对能源资源优化配置的需求催生了能源金融的产生和发展。能源金融有狭义和广义之分。狭义的能源金融主要是指能源投融资，是能源金融的最初形态和主要模式；广义的能源金融是指能源产业与金融产业通过产业融合产生的能源金融产品和能源金融服务，以及在此过程中防范能源金融风险、确保能源金融安全的能源金融活动。

中国能源金融的发展主要源于两方面背景：一是按照《能源发展“十三五”规划》要求，如果要保证既定的中国能源消费总量、能源供应能力、能源安全保障、能源消费结构、能源系统效率、能源环保低碳等各项目标，未来中国能源产业投融资需求巨大；二是国家能源结构调整和产业升级战略的实施需要更多金融资本参与。

2016 年底中国政府颁布的《能源发展“十三五”规划》分别从能源消费、能源安全、能源供应、能源结构、能源效率，以及能源低碳环保等方面提出了 2016～2020 年中国能源产业发展的具体目标，如表 9－1 所示。

表 9－1　　“十三五”时期中国能源发展主要指标

类别	指　标	单位	2015 年	2020 年	年均增长
能源消费	能源消费总量	亿吨标准煤	43	＜50	＜3%
	煤炭消费总量	亿吨原煤	39.6	＜41	＜0.7%
	全社会用电总量	万亿千瓦时	5.69	6.8～7.2	3.6%～4.8%
能源安全	能源自给率	%	84	＞80	

续表

类别	指　标	单位	2015 年	2020 年	年均增长
能源供应	一次能源生产量	亿吨标准煤	36.2	40	2.0%
	煤炭生产量	亿吨原煤	37.5	39	0.8%
	原油生产量	亿吨/年	2.14	>2	
	天然气生产量	亿立方米/年	1 350	2 200	
	非化石能源生产量	亿吨标准煤	—	7.5	
	发电机装机容量	亿千瓦	15.3	20	5.5%
能源结构	非化石能源消费比重	%	12	15	(3)
	天然气消费比重	%	5.9	10	
	煤炭消费比重	%	64	58	
	单位国内生产总值能耗降低	%	—	—	
	煤电机组供电煤耗	克标准煤/千瓦时	318	<310	(15)
能源效率	电网线损率	%	318	<310	
能源环保	单位国内生产总值二氧化碳排放降低	%	—	—	(18)

注:(　)内为 5 年累计值。

1. 能源消费总量方面

“十三五”期间,中国能源消费总量控制在 50 亿吨标准煤以内,煤炭消费总量控制在 41 亿吨以内,并且用电总量为 6.8 万亿~7.2 万亿千瓦时。能源安全保障方面,“十三五”期间,中国能源自给率实现保持在 80%以上的目标。能源供应能力方面,“十三五”期间,能源供应稳步增长,国内首次能源生产量达到 40 亿吨标准煤,其中煤炭 39 亿吨、原油 2 吨以上、天然气2 200亿立方米、非化石能源 7.5 亿吨标准煤、发电装机 20 亿千瓦左右。

2. 能源消费结构方面

“十三五”期间,非化石能源消费比重提高至 15%以上,天然气消费比重力争达到 10%,煤炭消费比重降至 58%以下。

3. 能效方面

“十三五”期间,使单位国内生产总值能耗比 2015 年降低 15%、煤电平均供电煤耗下降至每千瓦时 310 克标准煤以下、电网线损率控制在 6.5%以内。

4. 能源环保低碳方面

“十三五”期间，使单位国内生产总值二氧化碳排放比 2015 年下降 18%。使能源行业环保水平显著提高，燃煤电厂污染物排放显著降低，具备改造条件的煤电机组全部实现超低排放。要实现以上目标，在 2016～2020 年间，中国能源产业的投融资需求巨大，如图 9—1 所示。

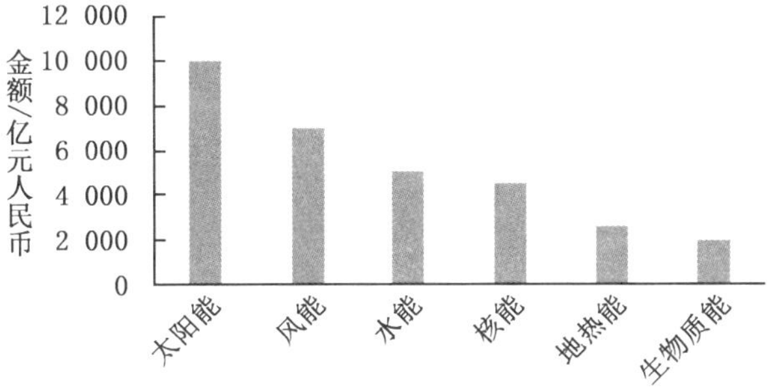

数据来源：《太阳能发展“十三五”规划》《风电发展“十三五”规划》《水电发展“十三五”规划》《核电中长期发展规划（2005—2020 年）》《生物质能发展“十三五”规划》《地热能开发利用“十三五”规划》。

图 9—1　“十三五”期间中国清洁能源预计投资规模

在 2016～2020 年的“十三五”发展期间，中国能源金融预期将会呈现出几方面突出特点：一是基于“十三五”期间庞大的能源投资需求，能源金融总量，尤其是清洁能源金融总量有望出现爆发式增长；二是能源企业对能源金融产品和能源金融服务的需求不断增加，金融机构需要为所持资金寻找优质的能源项目进行资源的优化配置，导致能源投融资供需对接需求强烈；三是市场配置资源效率将会逐步提高，清洁能源私营资本将会迅速发展；四是清洁能源领域技术创新驱动特征明显，技术进步带来的比较成本优势的显现和增加将会吸引更多金融资本参与。①

① 徐洪峰，王晶. 中国能源金融发展报告（2018）[M]. 北京：清华大学出版社.

5．产业链与金融的融合

电力输配企业向综合能源服务商转型，不仅要因势而动，更要势在必行，拓展多元化综合能源服务业务。

电力输配企业向“能源生产—能源输配—能源服务”产业链的上游生产端和下游服务端延伸，与互联网和金融实现跨界融合，打造能源流、信息流和资金流“三流合一”的能源生态圈的过程中，互联网平台和金融平台的构建是融合式发展的关键。如图 9—2 所示：

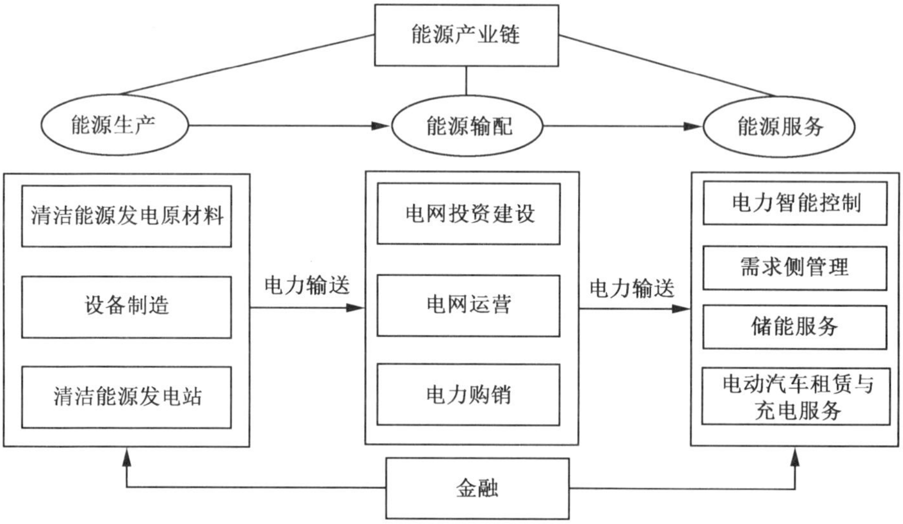

图 9—2　互联网与金融融合

一是向上游生产端布局，打通能源流。积极布局光伏、风能、地热能、生物质能等清洁能源，填补上游发电原材料的供应缺口，强化相关设备制造能力，并投资建设清洁、高效的能源发电站，打造分布式能源系统，逐步覆盖环保发电行业全产业链。

二是向下游服务端布局，汇聚信息流。依托能源互联网管理云平台，通过海量数据分析和智能决策，开展能源智能控制、需求侧管理、梯级储能服务、电动汽车租赁与充电服务等多种综合能源服务业务，实现由重资产发展模式向“轻资产＋综合能源服务”发展模式转变。

三是开展能源金融业务，撬动资金流。通过金融纽带和资本平台为能源产业链上下游企业提供金融支撑，包括供应链金融、融资租赁、资产管理、保险、信托、产业基金等各类金融服务。同时，借助互联网平台强大的供应链数据信息，提升金融业务的风险管控能力。

二、能源区块链

综合能源服务是把新的能源技术、新的用能方式和新的管理模式集合在一起。就目前而言，综合能源服务的核心在于"三化"和"两结合"，其中，"三化"是指电气化、低碳化和智能化，目的在于建设一种互联网与能源生产、传输、存储、消费以及能源市场深度融合的能源产业发展新形态，实现设备智能、多能协同、信息对称、供需分散、系统扁平、交易开放、共享可持续的现代化能源体系。

区块链技术具有四个优势：即去中心、去信任；开放、共识；交易透明、双方匿名；不可篡改、可追溯，为解决人类社会的信任问题提供了有力工具，进而将人类社会带入群智时代。目前，部分欧美发达国家及少数高科技公司已经开始尝试将区块链技术应用到能源领域。

1. 区块链和能源交易

《能源转型中的区块链：德国能源行业决策调查》中指出，区块链在能源交易领域的应用应该围绕建立分布式交易和供应体系展开，具体的应用前景分析如表 9—2 所示。

表 9—2　　区块链技术在能源交易领域的可利用前景

基于智能合约的能源交易和供给	信息所有权的归属	分布式交易记录
分布式能源系统的电能交易	注册记录所有权和资产评估	电力消费的计量和计费
能源产销者独立交易	分布式能源的可追溯型认证	热能的计量和计费
交易货币的加密集成	排放配额的可追溯性认证	其他能源的计量和计费
电动汽车的充电付费		

德国已经对区块链技术在能源交易中的应用进行了前景展望。

2020 场景：能源系统还处于转型的过程中，区块链相当于一个信息通道，涉及能源交易的所有角色都包含在其中。每一个角色都是一个节点，相当于构建一个“许可区块链”。区块链节点之间横向联系表示为信息的同步，区块链节点和交易系统之间纵向联系表征了两者之间的融合性。

2030 场景：能源系统的转型已经基本完成，各种分布式电源的成本将会大幅度降低；另一方面，随着区块链技术的提高，基于区块链的能量交易平台已经非常完善，表征区块链交易货币的 Enercoin 可以代替欧元进行能源的交易。

2. 区块链和物联网

美国的 Filament 公司计划在澳洲利用区块链技术和物联网技术，通过在电线杆上装设的传感设备，将其数据通过区块链传输出去，以及时报告停电隐患。同时，这些智能设备还能进行价值交换，包括比特币、数据和网络接口在内的多种内容都能进行交换。另外，设备间的交易是由智能合约直接管理的，因此是自动执行的。

3. 区块链和可再生能源

美国的 IDEO Co Lab 采用区块链技术和物联网设计了基于区块链技术的太阳能电池板设备，利用 Filament 的接口直接与纳斯达克平台联系，在追踪记录发电量的同时自动形成可再生能源证书 /补贴（RECS）。这可以激励可再生能源市场的发展，并保证 RECS 市场的透明性。

4. 区块链和电动汽车充放电管理

当前制约电动汽车大规模发展的主要因素有电动汽车充电设施数量较少、充电协议和计量模式多样、充放电互动性较差、充电过程不透明、充电协议不灵活等。针对存在的典型问题，德国 RWE 与区块链公司 Slock 合作提出利用区块链技术解决电动汽车的充电的一系列问题，其核心思想是基于 Slcok 提供的智能合约和分布式账本技术实现公用充电桩的计费的透明化和信任化。主要的步骤如下：①在电动汽车上安装智能充电插头；②在手机上安装充电 APP；③基于区块链的全自动付费系统。由于公用电动汽车充电网络和 Bigchain DB 在基础特征方面存在较多的融合点，因此电动汽车充电是区块链技术在能源系统中最早进行广泛利用的环节之一。

5. 区块链在中国能源领域的发展

目前，区块链在我国能源互联网建设的核心宗旨是在泛能源物理网络和泛能源信息应用网络之间架构起一个透明，广泛参与和全面信任的金融交易体系，通过这样的交易体系为绿色补贴、绿色运营和绿色金融做一个系统级的解决方案，让产业和金融之间实现无缝的数据纽带，实现能源的物理模型、互联网的信息模型和区块链的金融体系之间的立体化融合，目前国内专家学者提出的基于区块链能源互联网的简要示意图如图 9—3 所示。

图 9—3 未来综合能源服务的物理—信息—金融示意图

6. 能源互联网区块链技术应用的商业模式

区块链技术的发展能够给能源互联网引入新的商业模式，可通过大力推动光伏电站众筹、资产证券化等模式实施。

目前，用户配电设施主要由用户自己投资建设，资金一次性投入较大。采用众筹方式进行投资建设，可以降低客户负担，而投资者也可获得收益。该模式需要解决的主要问题在于怎样确定众筹标的物和现实情况是对应的，如果无法确认标的物的真实性，就存在很大的投资风险，从而影响投资积极性。另外，配电资产的投资收益和用电量有关，只有提供精确可信的计量数据，才能保证投资者的利益。区块链技术能解决这两个难题，基于区块链的众筹配售电有望成为一种新型商业模式。

区块链技术正在高速发展之中，在能源领域具有很大的应用前景。在能源区块链领域，目前尚未形成规范的技术标准。

7. 区块链技术在综合能源服务建设中的应用前景：

(1)在能源供给领域：区块链的去中心化与分布式电源之间的物理特性具有较强的耦合性，避免多种能源的重复建设，减小能源供给系统的浪费，可应用的场景包括基于私有链的分布式能源多能互补之间的计量，基于联盟链的大型能源基地之间的打捆模式等。

(2)在能源输送领域：典型的应用场景包括基于私有链的能源传输系统的阻塞管理和损耗分摊计算基于联盟链的能源传输系统的实时监测和协调控制等。

(3)在能源分配领域：典型的应用场景包括基于联盟链区域能源系统的自动计量，基于联盟链的储能系统的规划运行一体化分析等。

(4)在能源消费领域：区块链技术的应用，将会极大地提升能源消费侧和能源供给侧的透明度，从而改变区域能源系统的用能需求曲线。典型的应用场景包括基于私有链的需求侧管理、家庭能量管理、电动汽车充放电智能支付系统等。

(5)在能源交易领域：典型的场景包括基于私有链的电费结算，基于联盟链的微电网中多元化角色的内部交易，基于公有链的分布式能源系统内部各种多样化能源之间的交易，基于公有链的国家之间的能源交易体系和商业模式等。

通过以上的分析可以得出，区块链在综合能源服务中的应用路径框架如图9—4所示。

图9—4　区块链、能源互联网的应用路径示意图

综上所述，以电力市场和能源供给侧改革为时代背景，区块链技术具有去中心化、公开透明、安全可信的特点，将对能源领域等诸多方面产生广泛而深远的影响，为解决能源系统中的交易摩擦提供了重要技术手段。

三、能源大数据

能源大数据理念是将电力、石油、燃气等能源领域数据及人口、地理、气象等其他领域数据进行综合采集、处理、分析与应用的相关技术与思想。能源大数据不仅是大数据技术在能源领域的深入应用，也是能源生产、消费及相关技术革命与大数据理念的深度融合，将加速推进能源产业发展及商业模式创新。

目前，能源大数据理念尚处于逐步发展过程中。从国外主要实践案例来看，已初步形成了3类应用模式。

1. 能源数据综合服务平台

该模式通过建设一个分析与应用平台，集成能源供给、消费、相关技术的各类数据，为包括政府、企业、学校、居民等不同类型参与方提供大数据分析和信息服务。该模式中，电网企业具有资金、技术、数据资源等方面的优势，具备成为综合服务平台提供方的条件。

典型案例是美国得克萨斯州奥斯丁市实施的以电力为核心的智慧城市项目。该项目以智能电网设备为基础，采集了包括智能家电、电动汽车、太阳能光伏等类型详细用电数据以及燃气、供水数据，形成一个能源数据的综合服务平台（见图9—5）。

该项目已在节能环保、新技术推广、研发测试等方面发挥了重要的平台服务支撑作用。一是在消费者能源管理方面，为居民能源消费、住宅节能、交通出行等方面提供优化建议，促进节能环保。例如，识别环保住宅的能耗降低比例可达27%；对居民太阳能电池板安装朝向进行优化，可使发电量增加49%等。二是为企业提供电动汽车、智能家电等产品开发与技术测试服务。例如，将电力数据与汽车里程、分时电价、油价数据结合，可提供电动汽车性能分析、充电站布局优化，并根据用户习惯确定最佳充电时间等服务。

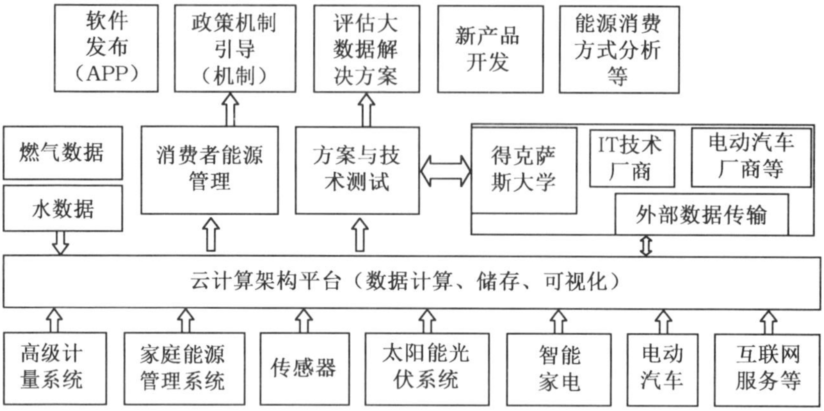

图 9—5 奥斯丁智慧城市项目商业模式示意图

2. 为智能化节能产品研发提供支撑

该模式主要将能源大数据、信息通信与工业制造技术结合，通过对能源供给、消费、移动终端等不同数据源的数据进行综合分析，设计开发出节能环保产品，为用户提供付费低、能效高的能源使用与生活方式。以智能家居产品为例，该模式既可为居民用户提供节能降费服务以及快捷便利的用户体验，也可对能源企业尤其是电力企业改善用户侧需求管理、减少发电装机等方面发挥作用。该模式中，电网企业不一定具备产品研发优势，但可利用电力数据采集与分析方面的优势，既可通过与设备制造商合作改进用户需求侧管理，又可通过共同参与研发并在产品销售中获取收益。

美国 NEST 公司研发的智能恒温器产品的商业模式，可以实现产品制造商、电力企业、用户三方共赢：作为产品制造商的 NEST 公司免费获得合作企业提供的部分电力数据，借此完善预测算法，并通过多种方式（恒温器设备、互联网、分析报告）展示分析结果；电力企业在智能恒温器支持下，改进需求侧管理，节约发电装机与调峰成本；用户使用产品自动控制房间温度，并节省用电费用。据报道，售价 250 美元的 Nest 恒温器每年可在电费和供热开支方面为家庭节省 173 美元，一年时间已节省了 2.25 亿千瓦时的能量，相当于2 900万美元费用。

3. 面向企业内部的管理决策支撑

能源大数据对能源企业自身同样具有重要价值。通过将能源生产、消费数据与内部智能设备、客户信息、电力运行等数据结合，可充分挖掘客户行为特征，提高能源需求预测准确性，发现电力消费规律，提升企业运营效率、效益。对于电网企业，该模式能够提高企业经营决策中所需数据的广度与深度，增强对企业经营发展趋势的洞察力和前瞻性，有效支撑决策管理。

该模式的典型案例是法国电力公司智能电表大数据应用。法国电力在筹建大数据研究团队初期，选择用户负荷曲线为突破口，将电网运行数据与气象、电力消费数据、用电合同信息等进行实时分析，以便更为准确地预测电力需求侧变化，并识别不同客户群的特点，通过优化需求侧管理，改进投资管理与设备检修管理，提升运营效率、效益。其中通过需求侧管理，使电网日负荷率提高至85%左右，相当于减少发电容量1 900万千瓦。

综上所述，未来能源大数据的应用前景主要是在已有模式的基础上，进一步发挥“粘合剂”与“助推剂”的作用，推动能源产业探索建立具有“平台”特征的完整能源生态系统。“粘合剂”主要是指对其他企业的吸引力以及形成平台模式后的协同效应，“助推剂”主要是指对能源产业生产、消费革命以及企业发展转型的推动作用。

第二节　综合能源服务发展方向

综合能源服务将带来能源服务新模式、商业生态新形态、市场发展新动能，必将成为实现国家能源革命的重要市场力量，将带给所有传统大型能源企业、新型小微能源企业、众多装备供应商以巨大影响，将给全社会客户带来更经济高效、清洁可靠、便捷个性、智慧互动的服务。[①]

综合能源服务核心是分布式能源以及围绕它进行的区域能源供应，同时可

① 综合能源服务将是一个数万亿的巨大市场[EB/OL]. http://www.china－nengyuan.com/news/120747.html.

以将公共热冷、电力、燃气甚至水务整合在一起的一种综合能源服务形式。传统能源服务产生于20世纪70年代中期的美国，主要针对已建项目的节能改造、节能设备推广等，合同能源管理是其主要商业模式。现在，随着互联网、大数据、云计算等技术出现，融合清洁能源与可再生能源的区域微网技术的新型综合能源服务模式开始诞生。综合能源服务对提升能源利用效率和实现可再生能源规模化开发具有重要支撑作用。因此，世界各国根据自身需求制定了适合自身发展的综合能源发展战略。

综合能源服务涉及面广、产业链长、辐射面广，不仅是未来的投资热点，也对能源及相关市场的规模、格局、形态、趋势等方面产生重大影响。

中国高度重视综合能源服务建设，将综合能源服务作为推动中国能源革命的重要战略支撑，积极营造开放共享的综合能源生态体系。国内综合能源服务相关的生产、输配、消费领域以及互联网相关信息通信技术、物联网等领域将迎来重大发展机遇。综合能源服务潜在需求和节能减排贡献潜力巨大。据相关资料测算，到"十三五"末，国内综合能源服务相关产业有望超过8万亿产值规模。①

综合能源服务是能源服务的新业态，它整合了不同的能源服务业务，并且还超越了能源服务范畴，可以提供满足客户需求的其他相关服务。综合能源服务企业具有更多的业务类别、利润来源，因此可以在某些服务内容上提供更加低利润的价格以吸引客户，结合市场机遇打造多款产品及服务，导致这类服务的收入规模迅速扩大，于是产生规模效应，服务成本可以有效降低。因此，综合能源服务企业有利于为客户提供更低成本、更优惠价格的能源服务，有利于能源服务市场快速发展，加快实现国家能源革命。

未来我国能源发展的总体趋势是能源结构由高碳向低碳转变，能源效率由低效向高效发展，能源市场结构由垄断走向竞争，能源的资源配置方式由计划为主转向以市场为主。预计到2050年可再生能源将成为主导能源，能源消费、能源供给、能源技术和能源体制将发生根本转变。综合能源服务作为多层次能源交易平台，将能够推动可再生能源的使用，基于能源互联网的电动汽车、智能

① 肖世杰. 区域能源互联网探索与实践[M]. 北京：中国电力出版社，2017.

建筑、光伏发电设备的大规模推广将有效提升可再生能源的比例。具体未来我国能源的发展趋势如图 9－6 所示。

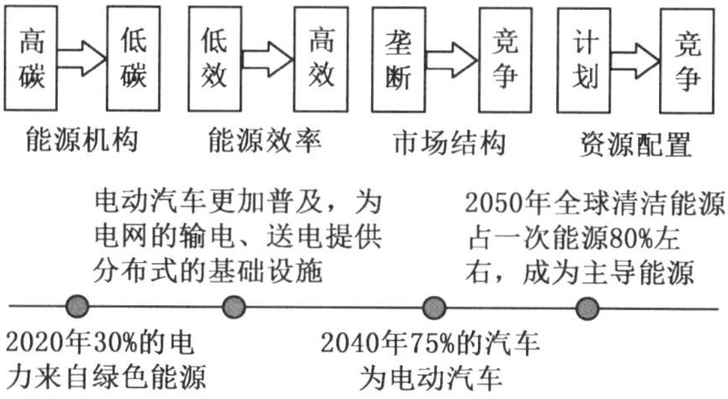

图 9－6　未来我国能源发展趋势

一、综合能源服务各领域持续分头并进

虽然国家层面已经出台综合能源服务的建设指导意见，但是对于综合能源服务的建设整体处于探索阶段，整体产业整合有待进一步发展。目前，我国综合能源服务在各产业链领域，包括电动汽车、储能、微电网电力交易等业务领域并未发展成熟，在未来一段时间内，各自将在自身领域内持续发展。

二、用能终端智能化、网络化成为发展趋势

分布式能源网络的控制将进一步扁平化，每个微能源网络均具有自学习、自调整、自控制、自优化的能力，可基于实时数据进行在线调整，彻底改变当前离线事前控制的能源调控模式。未来每一个用电设备都将智能化，如事前控制的能源调控模式；每个电器会根据能耗曲线设置最佳的开关时间，并随时远程遥控；建筑物的能耗控时依据会议、活动、类型、人数和实时电价自动进行动态调整。

三、第三方平台型综合能源服务机构将大行其道

未来能源服务市场会更加开放，会有更多主体进入，综合能源服务将更加

多样化。评判综合能源服务优劣的要素不只是价格和质量，是否能够提出节能建议等增值服务将成为评判服务能力的重点。未来，将有更多类似美国 Opower 公司这样的第三方专业服务公司出现，提供消费者管理服务及节能方案。

四、关键技术研发与试点示范项目将齐头并进

我国综合能源服务的建设正处在摸索阶段，相关关键支撑技术和模式并不成熟、完善，未来建设重点将集中于对其进一步的提升。对于现阶段综合能源服务的建设，主要通过试点示范项目的实施来推进整个综合能源服务产业的发展。

五、能源交易市场将进一步放开

能源交易市场是综合能源服务赖以运行和创造价值的关键所在，现有的能源体制远未达到综合能源服务预期的市场要求。现有的能源交易模式阻碍了中国综合能源服务相关企业前进的步伐，因而可以预见，随着综合能源服务的建设，电力交易体制将进行进一步的改革深化。

六、数字化综合能源业务平台将大放光彩

相对于传统的能源行业，综合能源服务的“互联网”属性，使得数字化的能源平台成为企业开拓综合能源服务市场必需的一个技术手段和能力。更多国内综合能源服务相关企业将布局投资能源业务平台，以便在新的市场格局当中取得竞争的先发优势。

七、综合能源服务一体化供应

一体化供应是综合能源服务的发展方向。一体化供应能够有效提升综合能效，同时实现土地等资源集约化利用，具有经济、环境、社会等多重效益并得到政策大力支持。

能源一体化供应服务是指基于已有能源系统升级改造或新建的区域综合能源系统，通过多能互补、集成优化等方式，经济、绿色、高效地满足客户的多种用能

需求。综合能源一体化解决方案分为两种模式：一种是煤基或天然气分布式能源＋新能源系统（包括太阳能、地热能、风能、生物质能等）＋“源、网、荷、储、控”的能源互联网的多能融合、多业态服务的区域式综合能源一体化解决方案，推荐应用在城市工业园区、产业园区、大型社区等处；另一种是天然气分布式能源＋新能源系统（包括屋顶光伏、地热能、风能、生物质能等）的多能互补、集成优化的城市综合能源一体化解决方案，推荐应用在工厂、学校、医院、单一建筑等。

（1）从提升能效角度看，热泵、冷热电三联供等能源一体化供应技术能够提升能源利用效率，基于互联网信息技术的能源一体化管控平台能够提升能源系统运行效率。热泵从自然界的空气、水或土壤中获取低品位热能，经过电力做功，为客户提供高品位热/冷能。该技术能效比高，可兼顾供冷、供热需求。冷、热、电三联供通过燃气发电设备运行产生电力，并将余热回收向用户供热、供冷。该技术能实现能源梯级利用，综合能源利用效率可高达80%。能源一体化管控集成计算、通信与控制于一体，实现实时感知、动态控制和信息服务，使系统更加可靠、高效、实时协同。

（2）从节约角度看，采用综合管廊、多表合一等一体化规划设计技术能够实现基础设施统筹建设、土地等资源集约利用。发展能源一体化供应可以充分利用综合管廊，将电力、通信、燃气、供热、给排水等各种工程管线集于一体，有效节约土地资源，降低建设和运维成本。能源一体化供应为多表合一、通信复用、能源大数据等提供了发展契机，不仅能够充分利用通信资源，减少重复建设，而且能够集成增效。

（3）从政策支持角度看，国家鼓励终端能源一体化发展，大力推动产业园区能源一体化供应。2016年7月，国家发改委、能源局《关于推进多能互补集成优化示范工程建设的实施意见》中提出，预计到2020年，各省（区、市）新建产业园区采用终端一体化集成功能系统的比例将高达50%左右，既有产业园区实施能源综合梯级利用改造的比例将达到30%左右。2016年12月，国家能源局公布首批多能互补集成优化示范工程名单，涵盖终端一体化功能系统风光水火多能互补系统两大类共计23个项目。

第三节　综合能源服务市场未来产业格局

一、综合能源服务的点线面体

传统能源产业(电力企业、电网企业、燃气企业、设备商、节能服务公司、系统集成商以及专业设计院等)都在策划综合能源服务转型,导致综合能源服务产业竞争激烈。但是包括国网、南网公司在内的各种综合能源服务方,其服务的内容,一般都会包括分布式电源、能效与节能、多能互补、微电网等。并且从综合能源服务当下的业务来看,无论是国网南网,还是新奥华润等其他一些综合能源服务商,其综合能源服务业务的布局,更多的是传统的节能 EMC、分布式燃气(或者热电联产)、储能、分布式光伏等项目投资,再加上一部分的服务业务(比如电务)以及少数试验性的微电网(多能互补+调度控制)。

从战略的角度看,上述这些更多的是点和线的业务,比如余热发电(属于节能 EMC),这是一个点;面向工业领域的节能服务,这是一条线;整个节能业务板块,可以算一个面。而综合能源服务是一个包含了多个"面"的产业体。但是目前看,综合能源业务如果要构建生态经济体,最大的问题有两个:

1. 交织不够,网络稀疏

以面向工业领域的节能服务为例,目前大多数项目侧重的是投资,但是背后的逻辑是面向节能资产的全生命周期管理,应该贯穿于规划、设计、投资、建设、运营等各个点,而且和其他线条(比如配电资产管理、能效服务)等形成更为紧密的点与点的耦合,造就密集的网络效应。而目前大家更多的还是关注投资,这是电力行业长期以来"重投资、轻服务"的文化惯性所致。

2. 缺乏开放连接

纵观淘宝的发展历程,一条零售线能催生多点发育,延伸出大量的产业线,从而逐步蔓延形成面,最终向体的方向发展。其战略视角是开放,帮助点与线的连接、互动,扩大网络广度,加强网络密度。而以这个战略视角审视综合能源服务，其困境就在于目前各家公司还是抱持着“以我为主”的态度，以较为封闭的心态在做这件事，而真正的经济体一定是开放互动的。

二、未来综合能源服务的业态

未来综合能源服务的业态，从中长期来看，应该是C2B，这里的C，其实还包含了两重含义，第一重C是Customer（客户）而非特指Consumer（消费端），即把使用能源的终端客户（包含企业端和消费端）都纳入这个体系；第二重C，最终来看，应该是Machine（机器），所以某种程度上应该是M2B（或者更长远的M2M），在这个意义上，未来综合能源服务和能源物联网也是相互融合的。但是综合能源服务业态，当下还没有一步到位跨越到C2B，也很难用简单的B2B模型去阐述，而可以运用S2b2c模型来解释，S即Service（服务平台），b（小b，中小型的能源服务供应方），c（小c，中小型的能源客户）。

（1）中小型的能源客户作为未来综合能源服务的主要客户对象主要有以下方面的原因：一是其数量众多，单个用户年用电量规模不大，但是年度能源费用加总起来应该是在万亿级别，足够撑起综合能源服务的经济体；二是其对能源的管理规范化水平很低，远没有年用电量0.2亿～20亿kW·h的大型、特大型电力用户这样规范，但是又存在大量的（潜在）服务需求；三是其自己无法提供高水平的能源服务，目前市场也很少提供，产业升级空间巨大。

（2）具有客户流量的线下服务方，而且一般体量也不大。最典型的是电力服务公司或者售电公司。线下服务方强于客户渠道，弱于专业服务。比如售电公司，未来现货市场交易以后，大量售电公司可能无法具备现货市场交易所需的交易能力（资金、风控、交易人才、交易技术、金融管理），所以未来大量的中小型售电公司会转向线下渠道和增值服务，而不是把批发交易作为主营业务。这种流量型的服务方，即为商业模型中的具有客户流量的线下服务方客户。综合能源服务的线下流量提供方多为双向的，如某个电力服务机构，其可能是流量的输出者，也可能是流量的输入者。

（3）中后台的平台化产业链体系，是未来生态体系的承载者与核心，提供大数据平台以及整套的专业服务和产品的供应链。综合能源服务需要大量的产品与服务供应链去支撑前台的具有客户流量的线下服务方。未来随着市场的发育，各种专业领域的中小型服务企业也将更多地涌现，在某个细分市场凭借其专业性获得竞争优势。举个例子，现在的电力用户中存在大量的用电安全问题，比如剩余电流的问题，这些问题并不是靠“智慧用电”的设备监测就能简单解决的，在IEEE的厂用电管理领域，一般归纳到“接地”这个大的业务，在国外是有专业的服务公司去做的，而国内在用电侧目前几乎是空白，相信随着法律法规的完善和电力服务市场的发育，未来这种细分领域的专业市场将会获得较大的发展。

三、未来综合能源服务市场核心

未来智慧商业的核心是网络协同＋数据智能。实际上这两个核心要素在综合能源服务领域，是完全一致的。

1. 网络协同

网络协同的核心是开放的多边复杂市场。也就是把点、线、面都连接起来，形成一个多维度的开放式生态体系。依靠巨大的规模经济，提供性价比很高或者独特的服务，这些服务又交织成线，每条线都是一个细分场景，无数的点和线构成网状结构，提供更好的客户价值，催生出更多的点和线。未来综合能源服务，某个客户的电能质量需求，需要利用网络协同效应，从现场的问题发现，到离线诊断＋在线数据分析，到形成产品解决方案，到电力金融和保险支持，到产品安装调试，到客户关系维系和运维服务，都需要利用开放、协同、共享、共建式的综合能源服务生态网络，而不是现有的封闭、线性、管理、控制的工业时代的线性结构，这才是新经济范式在综合能源服务领域的革命意义。

2. 数据智能

综合能源服务的另一个核心是数据智能。当下配用电领域存在巨大的数据空白，这种空白导致了现有的产业生态无法顺利发育。而如何形成数据—商业价值的初始互动，推动雪球不断滚大，并且融合到协同的生态网络中，其核心还是在于寻找数据化的“原动力”，推动配用电领域的数据化发育，这里既有用户配用电(用能)数字化的设备和技术创新,也需要依靠交易端的决策需求驱动,更需要当下的数据价值变现机制挖掘。总之,需要多管齐下的创新和协作,实现数据雪球的滚动。在滚动中不断地实现数据智能的价值。另一方面,数据不是抓在自己手里才最有用的,这是封闭产业体系的大数据和开放式生态体系数据价值的根本差异,数据也是一种产业体系赋能的工具,没有开放协作的心态,大数据很难落地。

四、未来综合能源服务的竞争——生态体系的竞争①

借助“网络协同+数据智能”的双螺旋结构,形成 S2b2c 的综合能源服务开放式生态体系,是未来综合能源服务领域需要不断探索的,也是未来综合能源服务竞争的态势——不再是某个点或者线的竞争,而是看谁能更开放、更敏捷、更智能地建立起这个生态体系,谁能吸引更多的前台流量和后台服务/产品供应链合作方,形成开放式创新生态平台(见图 9—7)。

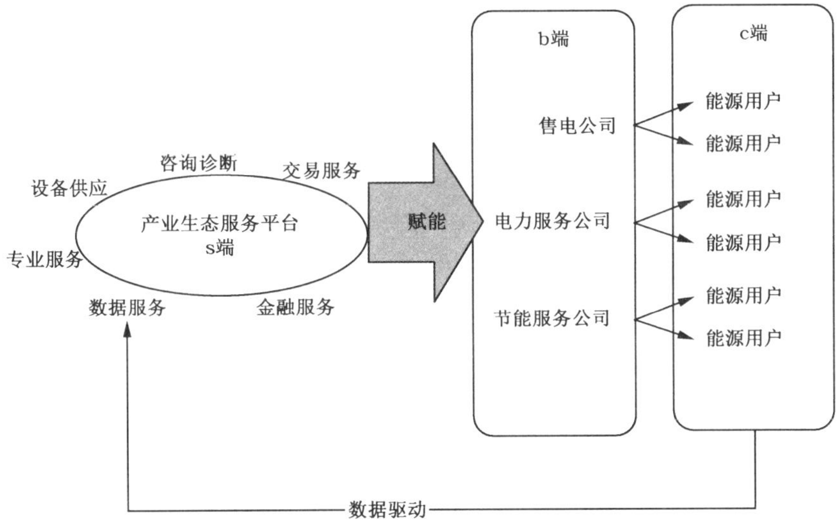

图 9—7　生态体系

① 未来综合能源服务和能源互联网产业[EB/OL]. http://shoudian.bjx.com.cn/html/20181220/950730.shtml.

综合能源服务和商业零售市场一样，未来存在各种业态，如线下的专卖店、商业综合体，但是更具有想象力的应该是线上线下一体化的产业生态体系。以综合能源服务的市场体量，未来可能存在 3～5 个这样的 S2b2c 的生态体系进行竞争。其基本特点是：

1. 全国范围内开展竞争

一个省或者地区的体量太小，不足以支撑一个生态体系的规模，所以必须是在全国范围开展竞争，而从电力市场的特点来看，未来打破地域间的市场壁垒也是高概率的事件，参考商业零售市场的全国贸易体系的构建，需要在战略上进行体系设计规划。

2. 开放的生态体系

电力行业以前相对比较封闭，所以导致很多参与者的心态也比较封闭，倾向于自行搭建整个生产链条，但是未来综合能源服务面对的是千万级别的中小企业客户，原有的围绕重资产的封闭产业体系必然不能适应新生态的要求，只有开放的生态才是最有活力的，因为开放而带来的网络协同效应，将会在本质上对传统竞争者构成挑战，就像封闭的百货大楼销售体系面对阿里电商体系一样，这是不对称的战争。

3. 马太效应

一旦产业体系生成，并且形成开放式的网络协同，产生出数据智能，这种生态体系应该是具有吸引力的，甚至会形成黑洞一般的马太效应，实现指数级的自增长，就像阿里和京东对普通的商业零售体系的颠覆一样，未来可能只有若干家形成差异化竞争的综合能源服务产业能够做大做强。

参考文献

[1]能源互联网研究课题组. 能源互联网发展研究[M]. 北京：清华大学出版社，2017.

[2]封红丽. 国内外综合能源服务发展现状及商业模式研究[J]. 电器工业，2017(06)：39－47.

[3]贾宏杰，穆云飞，余晓丹. 对我国综合能源系统发展的思考[J]. 电力建设，2015，36(1)：16－25.

[4]我国综合能源服务一体化发展模式的研究与应用[EB/OL]. http://www. sohu. com/a/280442922_100016667.

[5]"5＋1"个综合说清楚综合能源服务[EB/OL]. https://mp. weixin. qq. com/s/AXhVqhc_uxFm－ix3KbWeMg.

[6] 综合能源服务知识体系研究[EB/OL]. https://mp. weixin. qq. com/s/OvUnFYC0iQAlLz_QpD1ExA.

[7]构建能源生态圈，大力拓展综合能源服务市场[EB/OL]. https://mp. weixin. qq. com/s/e5enRmLqwajnYLhS7GtYnA.

[8]国家核准多个清洁能源重大项目推动稳增长调结构[EB/OL]. http://www. xinhuanet. com//fortune/2015－12/16/c_1117485013. htm.

[9]如何利用大数据实现综合能源服务的 3. 0 时代[EB/OL]. https://www. sohu. com/a/216453899_100016667.

[10]国家电网公司计划：在各省公司开展综合能源服务业务[EB/OL]. http://www.chinasmartgrid. com. cn/news/20171114/626059. shtml.

[11]郭曼兰，陈皓勇，张聪等. 偏差电量考核机制下售电公司的最优经营策略[J]. 电力系统自动化，2017，41(20)：17—25.

[12]国网转型综合能源服务的形势分析[EB/OL]. http://shoudian.bjx.com.cn/news/20180130/877526.shtml.

[13]杨锦成. 区域能源互联网构架下的综合能源服务[N]. 中国能源报，2016—07—18(005).

[14]能源互联网发展现状及趋势跟踪[EB/OL]. http://www.docin.com/p—2106919511.html.

[15]曹军威，孙嘉平. 能源互联网与能源系统[M]. 北京：中国电力出版社，2016.1.

[16]刘振亚. 全球能源互联网[M]. 北京：中国电力出版社，2015.1.

[17]新能源汽车行业现状与融资租赁问题分析[EB/OL]. https://baijiahao.baidu.com/s?id=1616358949419704019&wfr=spider&for=pc.

[18]十大项目案例带你了解综合能源服务的经济效益[EB/OL]. http://www.sohu.com/a/278512755_805678.

[19]国网转型综合能源服务的形势分析[EB/OL]. http://shoudian.bjx.com.cn/news/20180130/877526.shtml.

[20]电力企业向综合能源服务转型[EB/OL]. https://www.sohu.com/a/216008810_743972.

[21]电力企业向综合能源服务转型的探讨[EB/OL]. http://news.bjx.com.cn/html/20171202/865150.shtml.

[22]泛能网是典型的数字能源形态[EB/OL]. http://www.xinhuanet.com/tech/2017—12/07/c_1122072731.htm.

[23]协鑫集成：光伏龙头向综合能源系统集成商升级[EB/OL]. https://www.jiaheu.com/topic/27835.html.

[24]电力企业向综合能源服务业转型综述[EB/OL]. http://power.in—en.com/html/power—2286125.shtml.

[25]2017 年中国售电公司发展现状分析[EB/OL]. https://baijiahao.baidu. com/s? id=1601058783142178257&wfr=spider&for=pc.

[26]综合能源服务的市场潜力分析[EB/OL]. http://shoudian. bjx. com.cn/news/20180326/887626—2. shtml.

[27]刘博. 基于能源互联网思维的 E—售电公司经营模式研究[D]. 广西大学,2017.

[28]浅析:中小型企业综合能源服务业务的切入点在哪里[EB/OL]. http://shoudian. bjx. com. cn/html/20180223/881601. shtml.

[29]智光电气携手阿里云共同构建"综合能源大服务工业互联网平台"[EB/OL]. http://www. gzzg. com. cn/news_view. aspx? TypeId=4&Id=1136&Fid=t2:4:2.

[30]能源竞争格局发生新变化,综合能源服务供应商将大量涌现[EB/OL]. http://shoudian. bjx. com. cn/html/20181120/942890. shtml.

[31]赵云灏,刘亚玲. 综合能源服务兴起,6 招拓展市场[EB/OL]. http://www. solarpwr. cn/m. php? fid=0&aid=36793&page=1.

[32]市场环境变化,能源行业颠覆力量兴起[EB/OL]. https://www. accenture. com/cn—zh/insight—zhanwang—energy—market—consumption.

[33]中国信息通信研究院. 中国工业发展研究报告 2018[EB/OL]. https://www. innovation4. cn/library/r33544.

[34]三种典型产业园区的综合能源需求[EB/OL]. http://www. escn.com. cn/news/show—552906. html.

[35]电力企业向综合能源服务转型的"轻思考"[EB/OL]. https://mp.weixin. qq. com/s/hfKrNa5n98Ad902uCtGySg.

[36]2018 年中国节能服务发展趋势及市场前景预测[EB/OL]. https://mp. weixin. qq. com/s/G—yQqp—B5jNG9iOpiMC87w.

[37]俞庆. 综合能源服务业务的定位[R/OL]. http://m. bjx. com. cn/mnews/20180928/931121. shtml.

[38]封红丽. 综合能源服务模式成效调查[J]. 能源,2018(09):34—37.

[39]徐洪峰,王晶. 中国能源金融发展报告(2018)[M]. 北京:清华大学出版社,2018.

[40]综合能源服务将是一个数万亿的巨大市场[EB/OL]. http://www.china—nengyuan.com/news/120747.html.

[41]肖世杰. 区域能源互联网探索与实践[M]. 北京:中国电力出版社,2017.

[42]未来综合能源服务和能源互联网产业[EB/OL]. http://shoudian.bjx.com.cn/html/20181220/950730.shtml.